天下文化

BELIEVE IN READING

拔地而起的力量

蔡培慧改變家鄉

徐遼明——著

目錄

序

不論在體制內外，始終如一的南投女兒

蔡英文　中華民國總統

蔡培慧的父親來自魚池鄉，母親來自鹿谷鄉，她的老家在頭社，翻過一個山頭就是日月潭，她是土生土長、實實在在的「南投女兒」。

有些人認識的蔡培慧，是「台灣農村陣線時期」，不畏強權，在街頭帶領群眾吶喊的「培慧老師」。也有些人認識的蔡培慧，來自她進入立法院擔任不分區立委，發揮學者專長，從政策制度到實務面，一一改善台灣農業的專業與堅持。

透過這本書，我們知道，這些印象都是真實的蔡培慧，我們也可以更全面、更深入的了解，這位「南投女兒」如何一路走來，堅持捍衛土地正義、捍衛農業和農民的心路歷程。

全心投入南投的未來

九二一地震，蔡培慧隔天晚上就從台北趕回南投。後來的整整九年，她在第一線全心投入災後重建工作。不只細心了解災民的需求，也耐心推動改善建築耐震法規。不只如此，從產業轉型到長照社福，她一點一滴，讓南投重新再站起來。

這段歷程，成為培養她具有執行力及圓融行政能力的重要養分，也讓她學習到如何擬定方案，尋找資源，協調折衝各方意見，並且進一步完整執行，接受檢驗。

蔡培慧從兩年前，開始擔任行政院中部聯合服務中心執行長，也進一步發揮優秀的協調和行政能力，協助南投解決很多長期存在的問題。她了解南投人的需求，對南投的未來，不僅有著長遠的願景規劃，也努力實現中。

蔡培慧將更多資源帶進南投，包括「地方創生青年創業孵育基地」，提供創業的資源與支持，讓更多南投的年輕人覺得，返家不再是遙不可及的路。

歷經不同工作崗位的挑戰和耕耘，蔡培慧說，走得更長遠，才能真正回家。現在的她，具備學者、社會運動者以及立法、行政的多重歷練，已經愈來愈嫻熟透過各種政策工具帶來改變，而未曾改變的是，她對於家鄉及土地的堅持與熱情。

我相信，蔡培慧已經做好準備，讓南投轉型，成為科技農業和地方創生的重要基地。我也相信，不論在體制內外，她始終是熱情溫暖，堅定如一的南投女兒。

序

為南投搭建通往世界的橋梁

賴清德 中華民國副總統

以前我到校園演講時，經常會鼓勵年輕學子說，人生一輩子，就是要做讓自己熱血沸騰的工作。只是沒想到，讀培慧這本類傳記的書，卻竟然也有讓人熱血沸騰的相同效果。

因為出生南投魚池鄉村，沒有顯赫家世背景，年輕時靠著半工半讀，一路過關斬將，外號「菜頭粿」的蔡培慧，她對台灣這塊土地的貢獻與付出，真的讓許多檯面上的公眾人物自嘆不如。

一九九九年九二一大地震隔天，當時人在台北擔任國會助理的培慧，按捺不住返鄉救災的焦慮，立即與友人號召物資，前進埔里救災，決心要與南投同在。

之後直到二〇〇八年，她一直擔任九二一震災重建基金會執行祕書，長期協助弱勢家庭屋舍重建、地方產業振興、離地不離村的遷村專案等工作，長達九年的青春都奉獻給她的故鄉——南投。

初心不變

二〇〇八年，培慧和許多志同道合的夥伴成立「台灣農村陣線」，在體制外推動農村改革，從反對《農村再生條例》開始，到發起「大埔強拆民宅事件滿月重返凱道行動」，再到二〇一四年參與「太陽花學運」，雖然在體制外進行衝撞，場景不斷轉換，但培慧站在第一線，關心台灣農業、保護社會弱勢、推動制度改革的初心，卻始終不變。

即使後來進入體制，接受民進黨徵召擔任不分區立委、接任行政院中部聯合服務中心執行長，也一樣不改其志，經常不假手助理、親自撰擬法案，目的只為落實改革理念；而為了解南投鄉親真實的想法，她更是跑遍數百場的客廳會，聆聽、反映在地第一手的民眾心聲。

在我擔任行政院長期間，我更見識到培慧劍及履及的行動力，無論在改善農業及教育、力促城鄉均衡的用心，還是面對九二一重建後近二十年都沒有整修過的校園運動場地、教室設備或廁所環境，抑或是社區道路及農水路的具體改善等，培慧總是用盡全力向行政院各部會要求現場會勘、積極爭取預算，拚命和時間賽跑，把四年當八年在用，政績自然相當亮眼。

這二十多年來，培慧從學者到立委、從社運跨進政治，一路從體制外衝撞進到體制內改革，我發現她變得更圓融、更具有溝通協調及政策落實的能力；但不變的是，她對改革的堅持，對農業的理想和使命，以及對台灣、對南投永遠不變的大愛。

我也知道，培慧做為南投山城的女兒，她非常關心南投青壯年人口外流、產業遭遇困境、教育醫療資源不足、交通不夠便利等問題。事實上，過去幾年她已在立法院、行政院中部聯合服務中心努力解決這些問題。只是，面對後疫情時代更大的巨變與挑戰，全世界沒有人可以置身事外，在蔡總統的帶領下，台灣正卯足全力應對全新的未來，南投自然不能脫隊。

南投的未來，需要和世界做更多的連結；南投的產業發展，需要更多年輕人返鄉投入創新研發；南投的好山好水，需要更多尖端科技來保護、來加持。但這中間需要一座橋梁，讓南投與這些未來的夢想串聯起來，而培慧就是那座最好的橋梁。

我非常希望所有讀者、特別是南投鄉親在看過這本書後，能給培慧一個機會，和培慧站在一起，讓她有更大的揮灑空間，用行動帶來改變，帶領南投轉運升級，讓南投這顆蒙塵許久的明珠，能在未來向全世界閃耀光芒。

序

她正在回家的路上

童子賢　和碩聯合科技董事長

培慧出新書《拔地而起的力量》，培慧正投入一場艱辛的南投縣長選戰，如她自己的期許，只要帶著樂觀、勇氣，持續積累專業知識和經驗，即使她會經過一些困頓與折磨，但她永遠不會失去希望與方向。培慧的能力值得信賴，她對社會與土地的熱血與熱心更值得信賴，對於她選擇的路、她正在走的路，我給予誠摯祝福。

這幾年我常常有機會跟培慧聊時事，也聊社會發展聊農村經驗。我和培慧都來自鄉下，鄉下的自然環境和濃郁人情，跟現代化城市生活講求質感但人際關係似親近卻疏離很不一樣，這樣從農村成長到都市求學工作的成長過程，皆為我們帶來很深遠的影響。

看過《花甲男孩轉大人》的人，大概都不會忘記劇中「我是一姐咧」的霸氣阿嬤。有一次我們聊到這部劇，培慧提到對鄉下喜歡聽電台賣藥的阿嬤特別有感，那讓她想起自己的阿嬤。

我們可能以負面觀感來看老人家聽電台買東西，但培慧說，老人家生活在鄉下很寂寞，兒孫都出外打拚，老人每天就張羅吃食，和街坊厝邊聊天，偶爾出門看病，大部分時間除了思念兒孫都是無聊的，這時候廣播主持人和賣藥節目搏感情就成為一種娛樂，地下電台賣的是一種對寂寞的寄託。

買回來的東西或許不符合現代標準，也非年輕人的喜好，就像培慧在書中提到阿嬤買了奇怪的枕頭、手錶，在她回鄉下時送給她。但培慧知道阿嬤的一點心意，她不敢怪阿嬤亂花錢，這是她老人家的期待與心意，地下電台也宛如兒孫陪著阿嬤，度過每日的鄉下生活。

由此可看出培慧富同理心、情感豐富，每次她到偏鄉探訪各地老人家，來回言談間經常落淚不捨，因此我知道了她這幾年在台灣偏鄉角落看見很多陽光照不到的陰暗與現實面。

堅強而百折不撓

我認識培慧是在她擔任台灣農村陣線祕書長時期，那幾年台灣有風起雲湧的變化，有對環境的省思，更有對大環境變化中農業處境和土地徵收拆遷的社會議題辯證與反思。

培慧原是在大學教書的知識份子，因為對農業與農村有深厚的關懷，她與一群熱血夥伴站上街頭，以多年積累的知識與過人的勇氣，走出校園拿起麥克風，以喉嚨的嘶喊與肢體的衝撞力搏當時的權力掌握者和資源分配者。

這些衝撞，為這個社會、也為她自己創造了許多新的省思空間與發展機會——這個社會不是只能低頭接受也可以昂首主張，只要願意拿出良知與行動，許多新方向都是可能的。在街頭社運中的培慧，堅強而百折不撓。

除了在街頭社運的強悍，我也留意到，培慧面對農業與農鄉的問題，有一套熱血熱心的論述和行動策略。她與夥伴支持小農、辦農夫市集與綠色消費，談城鄉共好和社會支持，也拓展國際連結。這個脈絡一直延續到培慧進入國會，成為立法委員，進一步在體制裡透過立法和爭取資源，實踐她的核心關懷，包括我知道的農業科技、食農教育等，大都環繞這個主軸。這都是我在她身上看見的韌性與活力。

二〇一七年，培慧擔任立法委員期間，多次找我討論智慧農業的議題，她看見農鄉人口流失、務農人口老化而年輕一輩又還銜接不上來的現況，希望加速適切科技導入農業，解決現場的需求。

她主動安排一場座談，邀請當時的科技部部長陳良基、農委會副主委陳吉仲和我，分別從不同的專業與位置，討論農業與科技的未來性，可以做些什麼來改變迫切的現況與結構。培慧的跨領域協調和創造溝通的靈活，就像書裡提到的，「只要能為『農』做一件事，她願意嘗試各種施力位置。」

台灣是個精采的地方，我在很多角落都看見希望的火光，認識很多勤奮善良的人，以各自的專業和付出，厚植各地土壤。政治也是一種專業和積累，但同時需要更多不同背景、特質與位置的參與，這可以撐開民主社會的討論空間，均衡堆疊公民社會的文化厚度。

培慧從二〇二〇年卸下立委職後，轉任行政院中部聯合服務中心執行長，從監督者轉換為執行者，這是另一個有趣的轉變。她從學術殿堂進入公民組織，然後走入體制內，嘗試改變制度；再從不分區立法委員走到地方選舉，接著成為深入地方的政策規劃與執行者。這一路的經歷不斷打破她自己的框架，我認為這也開創了台灣社會對政治參與的理解與新想像。

她的挑戰還沒結束，她正在回家的路上。帶著樂觀、勇氣，沿路積累的專業知識和經驗，即使會有困頓與折磨，只要不失去希望，就離家不遠了。

序

南投是我家，我一直都在

中學之後，我就到北部的都市裡求學、出社會打拚，但我總是惦記著頭社的家人，特別是阿公、阿嬤。一直以來，我都以農家子弟、南投女兒自居和自豪，不管到哪裡去，我都是這麼向別人介紹自己：「我是南投人、家住在日月潭頭社。」

這本書記錄了不同人對蔡培慧的認識。同時，這本書也是訴說著一個農村子弟如何被時代浪潮推向都市，而她卻不願隨波逐流，逆著潮流嘗試奮力往農村洄游的故事。

我的阿嬤與許多長輩一樣，很欣慰的看到她的兒孫們在都市裡打拚成長；同時，心底也有些許失落，何以孩子們總是在外地，久久才能見一面。如同我看到農村像被水蛭附著一樣，元氣和養分一點一滴的流失，城鄉差距愈來愈大，會不會有一天，我們只能在連棟公寓大樓間，詢問著：「家在何處？」

為家鄉起身行動

九二一地震改變了許多人，我也是其中之一。那一刻，我下定決心要為家鄉起身行動。那些日子裡，我常常一個人開著車往來南投各個角落，穿過山路小徑時，一方面感受南投的山、水與森林季節變化之美，一方面也看到，村子裡的空屋變多了，需要被照顧的年邁長輩愈來愈多。

縱然現實如此，農村的外顯形式被看見，內在厚度卻被狠狠忽略過，當我看到農村被形容為「窳陋農村」，心裡十分不是滋味。

農村之所以失去活力，乃自城鄉之間的資源分配不均。過去很長一段時間，農村供養都市，好不容易在近幾年裡，愈來愈多人開始反省，犧牲農村來成就都市的發展，資源重新分配的過程裡，農村可有永久安居的基礎建設嗎？想要返鄉歸村的人能夠安居樂業嗎？農村除了是都市的後花園，有什麼願景走向未來？

讓南投的好被看見

這本書，也記錄了我對這些問題的看法，還有我對南投的未來發展藍圖，鄉村的美和南投的好應該被看見。特別是二十一世紀的台灣，科技的便利與進展飛速，一日生活圈拉近城鄉距離，早上在日月潭、下午到台北開會已是日常，我們將更能走向互惠機制，一步步建構出永續平衡、科技農工、城鄉共好的目標。

這些年看到在家鄉生活的夥伴持續努力著，離家或外地青年進鄉、中壯年親近山林，我從中看見了希望，更激勵著我打造出「綠科技、好生活」的南投。唯有讓南投成為青年願意留下、扎根、生養下一代的地方，我們引以為傲的人情味、山水地景、豐美物產才有可能代代延續。

行動，才能帶來改變。

在這條眾人不看好的政治路上，我可以問心無愧的說，自己沒有帶著私心求一己之利，若要說有，那唯一的私心就是我傾全力解決城鄉差距。農鄉不在他方，南投值得更好！

培慧與大家一起同行！

楔子

我是阿慧，我回來了！

傍晚，接近八點，蔡培慧仍在鄉親的客廳裡做客。

從早到晚，跑了整整一天行程，外人可能會以為蔡培慧終於能藉機坐下來喘口氣、稍做休憩，不過事實上，今日工作還沒有結束，她正聚精會神的聆聽席間鄉親的想法。

俗稱「客廳會」的小型聚會，是地方官員遠離禮貌、客套，得以真正了解地方需求的重要場合。自從擔任行政院中部聯合服務中心（簡稱中服）執行長以來，蔡培慧對於這樣的聚會並不陌生，大大小小的客廳會，已經跑了超過四百場。

雖然好客的主人已經切好水果、奉上熱茶，但這可不是她能鬆懈下來大快朵頤的地方，只見大家毫不理會桌上的點心，左一聲執行長、右一聲執行長，嘴上忙著傾吐各自碰到的問題，期盼能立即得到滿意的回覆。

眼看擺好的熱茶溫了又涼，蔡培慧不敢鬆懈，一邊把鄉親們吐露的心聲全記到心裡，一邊在心裡盤算最合適的解決方式，如何在資源有限的情況下，協助地方上的不足。

當下，還沒用晚餐的蔡培慧飢腸轆轆，空虛的胃發出些微抗議聲，所幸沒有讓人聽見。她想，看來今天沒有例外，又得在行程中間的小空檔快速解決晚餐了。

如此鐵人般的行程安排已經成為蔡培慧的日常，儘管辛苦，但她從不覺得累，還甘之如飴。更深切聆聽地方的聲音，是她一年多前要求自己務必要

俗稱「客廳會」的小型聚會，是地方官員得以真正了解地方需求的重要場合。自從擔任行政院中部聯合服務中心執行長以來，蔡培慧（右）已經跑了超過四百場這樣的聚會。

做到的事情。

我覺得我會贏！

時間回溯至二〇二〇年一月十一日，立委選舉開票日。蔡培慧在二〇一九年代表民進黨，投入南投縣第一選區立委選舉，挑戰藍營的鐵票區。歷經數不盡的走訪、拜票，宣講對南投的願景，最後能否如願打動選民，撼動始終藍大於綠的南投，這一夜將見分曉。

當日下午，結束開票前的最後一個行程，回到位在草屯的競選總部，蔡培慧坐在電腦桌前，電腦螢幕上開著兩個視窗，一個是敗選感言，另一個是勝選感言。

勝利與失敗之間的距離近在咫尺，結果卻是天差地遠。

以政治現實而言，蔡培慧要戰勝對手、成功扭轉政黨版圖的機率微乎其微，堪稱是不可能的任務，但她只要回想起選前掃街，支持者無畏寒流，源源不斷到場聲援，同行者從原先五百多人暴增到一千多人，「凍蒜！凍蒜！」的加油聲在夜裡絡繹不絕，她就不禁對自己充滿信心。

「我真的覺得我會贏！」

腦袋裡冒出的勝選念頭，讓蔡培慧忍不住樂觀期待結果。她想，倘若成功打贏選戰，那不只是選民對她一路走來腳踏實地的肯定，更成全她游離多年，終於可以落葉歸根的心願。

在勝利的喜悅與失敗的沮喪之間徘徊，蔡培慧當日的心情隨著各投開票所回報的開票數字起起伏伏。

夜愈深，選票開出愈多，選情卻愈是陷入膠著。蔡培慧與對手的票數進入難分難解的拉鋸戰。

然而，政治無情，藍綠基本盤的銅牆鐵壁畢竟非一夕可破。蔡培慧的票數雖然一路緊咬對手，卻在埔里滑鐵盧、大輸八千多票，宣告大勢已去。蔡培慧於晚間自行宣布落選，「我沒有掉眼淚。我告訴自己，這就是人生的一個過程，你必須要面對。」

敗選的那一夜

說不難過是騙人的，不過蔡培慧並沒有讓自己陷在悲傷的情緒裡太久，更沒有給自己自怨自艾的機會。這是她活過大半輩子所學習到的人生態度，無論是對抗大埔案中的鴨霸政府，還是經歷車禍後的復健人生，她都從不猶豫，堅持勇於面對。

從哪裡跌倒，就從哪裡爬起來，這是蔡培慧做事一貫的風格，更是她堅忍不拔的天性。

開票日當晚，競選總部外氣氛低迷，到場的支持者比候選人更難過。蔡培慧走出服務處，與在場守候的選民一一握手致謝；遇到難過落淚的支持者，她則給予一個大大的擁抱，並安慰他們說，「不要傷心，總統蔡英文贏了，守住民主，這是最重要的。」

蔡培慧或許沒有因為落選而掉眼淚，但看見這麼多人不離不棄，依舊死忠支持她，淚腺還是難以招架，眼眶不禁悄悄泛紅。

以幾近素人之姿，蔡培慧首度選舉就代表民進黨挑戰南投縣立委選舉，以不到一萬票之差功虧一簣，卻創下民進黨在地立委選舉有史以來票數最接近的佳績。

然而，政治是殘酷的，只差一票也是輸，沒有雖敗猶榮這回事，也沒有安慰獎。留給落選者的，只有必須拿下的看板、必須打包的服務處，以及必須償還的債務。

蔡培慧坦言，選舉結果出爐，還沒有餘裕規劃下一步要做什麼，滿腦子都是該如何善後，也得為力挺自己的幕僚們思考出路。

腦筋停不下來，更無法安心入眠。

以幾近素人之姿，蔡培慧首度挑戰南投縣立委選舉，以不到一萬票之差功虧一簣，卻創下民進黨在地立委選舉有史以來票數最接近的佳績。

晚上好不容易躺回床上，蔡培慧仍不斷滑著手機，關心全國選情，內心一股情緒油然而生，那是扎扎實實的不甘心。

「輸就輸了，但到底是輸在哪裡呢？」她凝視著天花板，不過漆黑的牆面上並沒有浮現任何答案。

迎向現實，絕不逃避

蔡培慧尋思，不管是論學識，還是論政策，她都有自信做得比對手更好，那究竟是輸在哪裡呢？愛鑽牛角尖的她甚至懷疑，是不是自己的裝扮出了問題？

而撇開輸贏，更為立即的疑問是，「我還要留在南投嗎？」這次，腦袋回答的速度遠比上一個問題來得快：要，當然要！

在蔡培慧的人生觀中，活著就是自主選擇和偶然機會的交疊，當初總統蔡英文力邀她擔任民進黨不分區立委，她面對挑戰、選擇了政治，如今她又再度站在生命的交叉口上。

蔡培慧說，山路向左或向右走，甚至走回頭路下山，命運都大不相同，而她自認最大的優點是，「面對現實，我是迎上前去的，絕對不會逃避。」如果有結構改變的機會，還不去做，那便是讓自己口中宣揚的改變淪為口號而已，不符合她的作風。

做為一名農村出生的孩子，蔡培慧沒有背景，從年輕時代就半工半讀，一路過關斬將，不但取得台大博士的學位，現在還走入體制，把握為民服務的機會。

蔡培慧認為，或許台灣農村中有許多和她一般努力，甚至更努力的人，不但考取更高的學歷，還成為金融家、教育家、科學家，晉升為社會中的佼佼者，但僅有少數人像她一樣，自認是「農村工作者」，長期關注城鄉差距的難題。

如果真的要解決問題，蔡培慧知道自己不但需要留下來，還要搞清楚贏的方法。她明白唯一務實的辦法，只有更深入的在農村「扎根」。

敗選隔天，若在南投聚會難免觸景傷情，蔡培慧與她的幕僚小組約在台中會面，討論每個人的下一步。

雖然是攸關未來的嚴肅話題，但他們言談間回想起過去一年來打過的選戰，不禁又哭又笑。縱然選舉以失敗告終，卻是他們這群政治初學者，相互扶持、共度難關的一場戰役。

想解決問題只能扎根南投

談到接下來該何去何從，蔡培慧的助理陳怡君回憶，當下蔡培慧雖然還不知道自己要做什麼，但顯然心意已決，非要留在南投不可。

蔡培慧認為，無論要做什麼，都必須要先待在農村。她甚至做出最壞的打算。「沒工作也沒關係，就去兼任老師，（或）回家種茶，這樣子就好了嘛。我告訴自己，前提是要扎根！」

蔡培慧坦言，後來有許多機會向她招手，無論是北部的教職，還是北上到中央入閣，她沒有遲疑，全部拒絕。身為南投女兒，蔡培慧這次是無論如何都要留在家鄉。

大選結束，蔡培慧沒有太多時間沉澱，隨即展開謝票的行程。就算沒有選上，蔡培慧也沒有忘記那投給她的六萬三千六百九十一票，票票都是對她這名初生之犢的肯定和愛護。

沒有慶功宴，也沒有即將入駐的立委辦公室，蔡培慧與她的謝票車隊開始經過選區的大街小巷。

謝票車隊總共五台車，由粉紅小貨車做前導，一邊為車隊開路，一邊播放著已逝的嚴詠能為她量身創作的「菜頭粿之歌」，歌詞象徵蔡培慧的腳踏實地，接著是物資車，第三台才是蔡培慧站著的灰色吉普車。

從日月潭大街到乏人問津的荒鄉僻壤，蔡培慧沒有錯過、怠慢任何一處。無論是向她揮手的支持者，或是沒有太多回應的路人，蔡培慧一律用笑容迎接。

當謝票車隊行經老家魚池鄉頭社時，蔡培慧不忘給出一聲最誠摯的呼喊：「我是阿慧，我回來了！」

第一章

南投女兒

從農村紫白相間的花路、能夠自由奔逐的山林田野，
走進兒時想像中的魔幻都市，
現實與理想的差距雖令人卻步，
但她仍憑著一股衝勁，
打拚出一番天地。

初秋方至，但炎暑未退，魚池鄉裡的風依舊保溫，小火般的烘著牽牛花的花期。

蔡培慧的家離她就讀的頭社國小說遠不遠，走在路上就能瞧見學校的輪廓。不過，距離看似近，路卻繞得遠，要是貪快，硬要穿越中央那一大片的水稻田，非落得滿腳田泥不可。

每回上學，蔡培慧總得與同學結伴同行，一趟得花上半個小時；不過小孩子上學，沒有人是急性子，誰不是沿路嘻嘻鬧鬧、能拖則拖，雙腳踩在馬路上，一顆心早已飛到十萬八千里遠，恨不得上學的路永遠走不到盡頭。

蔡培慧當然也不例外，兩腳好動，手更閒不住，她會邊走邊摘牽牛花，沿路撒下，形成一道紫白相間的花路；她滿懷繽紛行至校門，最後再來個天女散花，將手心花瓣全拋向天際，算是為偷閒的時光添上一抹華麗。

如此這般，半小時的路程，竟能拖延成一個小時。

沿途，蔡培慧經常望向遠處，在白雲蒼狗、虛無飄渺的萬重山之後，她勾勒著內心的小小版圖，嘴裡一一盤點，想著山之後是日月潭，再隔一座山就到台北，而台北的後面是日本、是美國，是在電視裡才能相見、臨摹的異鄉國度。

當下蔡培慧沒想過有一天，她會走出農村、走進城市，走到小時候只能用想像的大世界。

阿嬤喚她鵝仔

出生於南投魚池鄉的蔡培慧，是土生土長的南投女兒。蔡媽媽回憶，蔡培慧是她的第一胎，出生的時候好像急著想要來到這個世上，當天肚子痛，到醫院就生出來了。

蔡培慧生於頭社，翻過一個山頭就是日月潭。兒時的她雖不知道日月潭究竟是因為潭的顏色有兩種，還是因為形狀相似而得日月之名，但打從懂事以來，她就在左近的群山裡走跳，在田野之間玩耍，日月潭就好像朋友一般，陪著她長大。

如同許多南投小孩，蔡培慧來自隔代教養的家庭。由於家長在當地找不到可以做的工作，為了維持生計，不得不北上打拚賺錢，蔡培慧的父母也在她剛出生那一年，遠赴台北工作。

回想起這段日子，阿嬤身兼母職，蔡培慧說她與阿嬤特別親，喜歡喚她「鵝仔」，因為蔡培慧小時候包尿布，走起路來頭輕腳重，身子左右搖晃，像極了一頭鵝。

童年在農村長大，生活雖然不及城市進步，卻有著城市遠遠不及的純真和滿足。蔡培慧記得自己愛玩辦家家酒，愛與村子裡的同伴用橡皮筋結成長長的跳繩遊玩，愛在山林田野上奔跑。

蔡培慧記得，有一次，國小六年級的她背著叔叔的大女兒到附近野溪玩耍，一時跑得太快，抱著仍牙牙學語的小堂妹，連滾帶爬一起滑進溪裡，弄得滿身狼狽。

蔡培慧笑說，小時候天真得很，想要掩蓋「罪行」，趕緊把堂妹帶回家洗澡更衣，以為幫她換上乾淨的衣服，就能神不知鬼不覺的蒙混過關，沒想到阿嬤一發現脫下來的髒衣服，沒盤問幾句就東窗事發。蔡培慧笑著說：「結果大家都被罰跪、打一頓。」她自己則被打得最慘。

兒時的農村回憶

弟弟蔡孟訓說，蔡培慧在家族同輩中年紀最大，是名副其實的孩子王，無論是玩捉迷藏、紅綠燈，還是各式各樣的冒險，都是蔡培慧帶著弟弟妹妹到處跑。「她是最大的姐姐，會負責管大家，有龍眼、柑橘那種點心，都是由她幫大家分配，」蔡孟訓回憶，姐姐偶爾還會當起小老師，教大家學注音符號。

農村生活雖然物資比都市匱乏，卻能創造出諸多特別的回憶。蔡孟訓說，孩子們從不無聊，會自己找樂子，只要路上能撿到的都是玩具，皆可以化腐朽為神奇。像是掉在地上的柚子，除了被拿來當皮球踢，要是多添加一些想像力，把柚子接上樹枝兩頭，便成了一副現成的流星鎚；也有小朋友想像力再多一些，乾脆將就成一副雙節棍，直接上演電視上熱播的武俠大戲《楚留香》。

那個年代，農藥防蟲還不普及，小孩子常聚在田裡抓鱔魚和泥鰍；再不濟，也可以抓泥土打泥巴戰。蔡孟訓記得，一到冬天，家裡的果樹收成，三合院裡堆滿橘子，吃也吃不完；不過光吃不做事也不行，小朋友偶爾也得上山充當小助手，為農村經濟出一份力。

蔡孟訓印象最深刻的是跟著大人上山捕貓頭鷹。大人們會在山的缺口架出網子，叫孩子們去拍樹，被驚動的貓頭鷹驚慌飛竄，一下子便飛蛾撲火似的掉入陷阱。陷阱中的貓頭鷹嗷嗷待哺，小朋友還要負責抓青蛙餵食，耐心

蔡培慧（後排右一）是名副其實的孩子王，常帶著弟弟妹妹到處冒險與玩耍，農田山林都是他們的遊樂場。

等待城裡人來收購的日子。

蔡培慧則更記得大人捕捉溜進家裡的蛇。一條蛇被砸死後，蛇身如繩，洩了氣的被掛在長竿上。正所謂「打蛇打七寸」，是蛇的心臟要害所在，大人用塑膠袋綁在七寸之處，俐落的把皮直直向下拉。

她當時還小，只能在杵在旁邊瞧，或者負責幫忙處理脫皮過後的蛇肉。蔡培慧說，阿嬤的眼睛不好，每趟獵蛇的收穫，生鮮蛇膽都是奉給阿嬤補眼，小朋友則可以一嘗蛇湯的奇妙滋味。

從電影銀幕中認識台北

蔡培慧每每回想，常覺得自己或許生長在台灣農村最美好的時光。七〇年代的台灣，工業化的進程才正要起步，農業還不見衰退，農村也尚未凋零，農人仍與山川星月為伍，靠四季更替維持生計；小孩子奔跑在金黃色的稻穗之間，在清澈的溪水裡游泳，而台北不過是一個大人們之間流傳的傳說。

說到台北，兒時的蔡培慧是一片陌生，僅僅知道它在山的另外一頭，對台北的認識全靠電視。那個四邊的方形小櫥窗內，每日播送著關於台北的戲劇、新聞、廣告。蔡培慧的眼光蒐集那些片段的微觀畫面，在小腦袋裡拼拼湊湊，打造出一座富麗堂皇的魔幻都市。

一九八〇年，電影《就是溜溜的她》盛大上映，劇中由鳳飛飛飾演的企業家之女潘文琦逃離台北，遁入鄉下。

臨走前，潘文琦懇求父親說，「讓我自由自在的玩幾天，爸爸，這是我少女生涯結束前，對你最後的請求，我保證會按時回來做一個乖女兒，我很清楚自己是獨生女的責任。」

當年，《就是溜溜的她》正是在南投取景，選在蔡培慧的母校頭社國小拍攝，蔡培慧有幾名同學還被選做電影中的小學生角色，過過與大明星近距離接觸的癮。

台北導演千里迢迢，特地到南投拍電影，絕對是地方大事，圍觀人群盛況空前，蔡培慧雖然未被劇組相中，但也擠在群眾裡湊熱鬧。站在拍攝現場的封鎖線外，蔡培慧從鍾鎮濤、鳳飛飛等巨星風采中，勾劃台北的模樣。

電影裡，農村被敘述成都市人遠走他鄉的世外桃源，到了現實中，世外桃源裡的居民又眼巴巴的望向都市，成另類的圍城。

不過，蔡培慧坦言，第一次上台北的經驗讓她感到失望。

語言隔閡造成距離

國小六年級，阿公帶著小培慧上台北探望父母。蔡培慧滿心期待，跟著阿公到水里坐客運北上。在她的想像裡，台北是一處光鮮亮麗的地方，什麼都是新的，什麼都是最先進的，興奮之情不下於《查理與巧克力工廠》

（*Charlie and the Chocolate Factory*）的主角查理首次踏進威利．旺卡的巧克力工廠。

八〇年代的台北，百廢待舉，隨著鐵路地下化專案第一階段工程啟動，再加上車水馬龍的交通，混亂的台北市中心儼然是一處大工地。

蔡培慧記得她與阿公在北門附近下車，客運站附近塵土飛揚，背景被電鑽聲占據。「這怎麼是台北？」蔡培慧狐疑的想。

後來回到南投，同學紛紛好奇向她詢問台北的景況，更語帶羨慕的問她有沒有去吃剛開幕的麥當勞。蔡培慧說不上來。對她幼小的心靈來說，台北始終是一個神祕的地方。

當時，蔡爸爸到台北求職，在麵包店工作，後來攢了錢，選擇在新莊創業開麵包店，一家人也定居在新莊。國小畢業後，蔡培慧北上讀書，就讀新莊福營國中，與父母和兩個弟弟團圓，全家皆大歡喜。然而，對蔡培慧來說，事情並不如想像中一帆風順。

「那時候在學校不能講台語，姐姐國小在鄉下長大，所以剛上台北會比較不適應，」蔡孟訓說。在南投家鄉一向樂天知命的蔡培慧，到了台北學校，卻成為導師評語中有點內向的女孩。

語言隔閡是蔡培慧人生首度遇到的城鄉差距。她後來承認，初來乍到台北，依附在口中的南部口音令她感到自卑，不願意在同學面前吐露自己來自鄉下，這種顧慮轉化成不願主動開口說話的沉默。

蔡孟訓記得，蔡培慧不止一次透露自己想要回去南投，不只是對城市的排斥，也是想要回到阿公與阿嬤身邊，與他們一起生活。

然而，眼看回南投已是不可為的選項，蔡媽媽說，蔡培慧變得有些「叛逆」。

多年後來看，蔡培慧在父母眼中的叛逆，無疑是她對自己的武裝。為了抵抗城市對鄉村的誤解與不自覺流露的歧視，蔡培慧決定用知識裝備自己，更加要求自己在學識上的追求。

國中畢業之後，蔡培慧堅持要讀專科學校，但礙於家境，經過多次爭吵後，蔡培慧只能將就先到職業學校讀書。就讀臺北市立士林高級商業職業學校（簡稱士林高商）期間，蔡培慧打工存錢繳學費，也為自己的學業鋪路，她從士林高商畢業後，便轉到致理商業專科學校（現為致理科技大學）就讀。

說到就要做到的衝勁

生長在蔡家，孩子都必須學會自立自強，要有農村人的韌性。

蔡媽媽說，蔡培慧總是非常獨立，也很有自己的想法，一上高中後就出外打工賺學費，生活從來不讓父母操心。蔡培慧說，她一路半工半讀，曾先後到火鍋店、KTV打工，而且還母雞帶小雞，介紹弟弟到她打工的地方上班。

「上專科之後，蔡培慧就比較常住外面了，偶爾回來會跟我說，她還要再讀，我問她這樣負荷得過來嗎？她回說，『妳不用擔心，我會自己打算』，」蔡媽媽自豪又略帶心疼的說，「這都是她自己打拚來的。」

蔡孟訓說，姐姐說到就要做到，對於自己立定的目標有一股衝勁，「她想要做什麼，很難去改變她。」

爾後，蔡培慧在世新大學取得社會發展研究所的碩士學位，又在台灣大學取得博士學位，都再再證明蔡培慧的毅力，也證明一名農村出生的孩子可以有無限的潛力。

被問到女兒當年考上台大，讓她搖身一變成「博士媽媽」，心情如何？蔡媽媽說，她從來不主動向外人提起這件事，意思是做人務必要低調謙虛，不要半瓶水拚命搖，但語氣中仍藏不住驕傲。

不過，與其說敬佩姐姐，無論是她在學識上，還是後來在社運、政治上的成就，蔡孟訓則更記得蔡培慧的溫柔。

搬到台北後，身負城鄉差距與歧視的壓力，蔡培慧（右）不只一次透露自己想回南投。在士林高商就讀時，也時常回家探望阿公與阿嬤（左）。

蔡孟訓說：「她是很照顧弟弟的，以前家境不好，她總是把自己穿得很中性，這樣我們也能穿她的衣服，」這些看似人生中的小事，卻見證了蔡培慧對家人深深的愛，「姐姐總是很盡心，想要讓家人的生活更好。」而這份愛與責任，也漸漸從家人延伸到故鄉，因為蔡培慧不僅是蔡家的女兒，更是南投的女兒。

走近蔡培慧

蔡孟訓（蔡培慧大弟）：

盡心盡力照顧家人

小時候，姐姐總是帶著我和弟弟一起玩，當時鄉下物資貧乏，我們很會自己找樂子，生活單純又快樂。

姐姐小時候是孩子王，是家族同輩裡最大的小孩，常帶著我們玩捉迷藏、紅綠燈。我和小弟小二時就去台北和爸媽住在一起了，那時姐姐還在南投念小學，每當我們寒暑假回南投，她總會表現出長姐的威嚴，譬如：大人給的龍眼、荔枝，她會平均分配給每個孩子，或者幫奶奶照顧我們、教我們功課。我一直記得名字的注音符號，就是姐姐教我的。那時魚池鄉還沒有文具店，她會撕下一張日曆紙，叫我用背面練習。

姐姐是國小畢業後才來台北，所以沒辦法馬上就能適應環境；除了語言不太通之外，她也不太能適應城鄉差距。譬如小時候我們要走二、三十分鐘才能到學校，路上就是孩子們玩樂的時間，但台北不一樣，學校跟住家就在附近，沒有什麼玩耍的餘裕。除此之外，日常生活習慣及娛樂活動全和都市天差地別，所以她很想回南投，想和爺爺奶奶一起住，也導致她國、高中時變得比較叛逆。

其實姐姐一向是個乖巧的小孩，最叛逆的一次是國中畢業後，她要在高職和專科之間抉擇，由於私立專科學費高，家裡無法支付，她為此和爸媽大吵一架，幾經爭取未果，最後只好選讀高職商科。但她讀得還滿有興趣的，會計等科目的成績都相當不錯。之後她努力賺錢，又讀了專科，完成心願。

身兼數職

念書的時候，姐姐會提供我們一些方向，建議該填什麼科系比較好，因為爸媽工作很辛苦，也沒時間管我們，所以姐姐只好同時扮演照顧者跟引領者的角色。

因為家境因素，讀高職之後，三姐弟所有費用都要自理，必須去打工，還好從小爸媽就經常在外面工作，所以我們個性都很獨立自主。我們常一起打工，經常是姐姐自己先嘗試過，覺得工作環境不錯，才會介紹我和弟弟去。像我曾經在連鎖火鍋店打工，也是她介紹的。

除了打工，姐姐在日常生活也很照顧我跟弟弟，例如，她買衣服時，都盡量挑選中性款式，可以和我們一起穿，也會幫我們買衣服，對家人非常盡心盡力，想讓全家都能過上衣食無虞的日子。

刷新家人對她的想像

姐姐自士林高商畢業之後，進入致理商專就讀，畢業後到出版社工作，後來又去念世新大學社會發展研究所，當時她擔任立委助理，之後就到「財團法人九二一震災重建基金會」（簡稱九二一基金會）工作。直到台大博士班畢業，她都是一邊工作、一邊完成學業的。

我也是專科畢業，姐姐一直希望我們能繼續讀書、攻讀碩士，但我和弟弟比較不愛念書，不像她總是隨時隨地看書，住處也擺滿各式書籍。

姐姐年輕時便是個仗義直言的人，很有主見及想法。我印象很深刻，讀高職時，有一次我們去郵局櫃檯排隊辦事，她見到有人插隊，立刻上前指正對方，毫不猶豫。姐姐這樣的性格，也可以從她如此熱中參與社運看得出來。

不過，看到她在大埔案抗爭中如此激烈的模樣，還是讓我們十分震撼。當時我想，有需要叫得那麼聲嘶力竭嗎？跟我印象中的姐姐完全不一樣，就連她後來出車禍，或是康復之後有機會當上立委，從衝撞體制的社運人士變成體制內的政治人物，都一再刷新我們對她的想像。

出車禍那一次，全家都嚇壞了。當時姐姐因為腦瘀血昏迷，情況緊急，但動完手術後，醫生判斷出院後就可以正常生活，是不幸中的大幸。不過，雖然姐姐只住院十六天，但復原時間卻耗時良久，因為她的記憶力和詞彙能力都受到損傷，記憶有時會錯亂，不僅會講錯他人的名字，也記不住短期記憶，兒時回憶倒是記得很牢。在療養期間，我們讓她吃中藥、慢慢療養，花了三到四年才逐漸好轉。

情感的聯繫傳承下一代

姐姐是一個報喜不報憂的人，總是面帶微笑，不會和家人聊自己的辛勞。我們是直到參加她在苗栗辦的親子活動，去灣寶種西瓜，慢慢了解土地正義、迫遷的議題，才知道原來她做了那麼多事情，當地民眾對她多麼熱情與滿懷感激。

我的兩個女兒和姑姑的感情很好，經常玩在一起，不僅從小參與活動，就連她在販售小農商品的「彎腰農夫市集」中擺設攤位，我女兒也會去幫忙。姐姐甚至會帶她們參與社會運動，太陽花學運時，我們也在抗議前線發傳單；她選立委時，我們也去幫忙。女兒們總是覺得姑姑很酷，也因為有這些特別的體驗，兩個小孩對民主的概念、政府體制的認識，相較於同儕來說更為成熟。

如今，兩個女兒一個大一、一個高一，大女兒選填志願時，也有尋求姑姑的建議。現在想想，她不僅是那個兒時照顧我和弟弟、扛起家裡重擔的大姐，就連現在，依舊努力不懈推動社會進步，更以自身為模範，影響著下一代。（採訪整理／蔣金）

第二章

我的父親是誦經師

乩童、誦經師，

年輕時不理解父親選擇的道路，

長大後才明白，

那是對生命模樣的認知過於狹隘，

進而懂得尊敬傳統信仰撫慰人心的力量。

就算入春，西伯利亞的空氣吸進肺裡，仍是冰的。

一九九四年四月一日清晨，一夜未眠的台灣家屬，與法師蔡樹林一起搭上由俄羅斯政府準備的直升機。黑影在崎嶇的地形上忽大忽小，越過白雪皚皚的大地。機上家屬捧緊罹難親人的靈位，隨著法師的誦經聲，口裡喃喃唸著親人的名字。

蔡樹林是蔡培慧的父親，當時已是道行頗深的誦經師傅，在葬儀社的大力推薦下，成為此行的招魂師。

遠征北國異鄉招魂

時間回到同年的三月二十三日，俄羅斯航空五九三號班機於飛往香港的途中，在西伯利亞的荒野上急墜，不幸撞山墜毀，機上七十五名人員全數罹難，包括五名來自台灣的乘客，其中有兩名是《中國時報》的記者。

三月二十九日，罹難者的家屬從台灣出發，根據《中國時報》當時的特派記者方仰忠，發表的〈北國迎靈．往生西天〉中所述：「出發之前，家屬們只知道失事現場的氣溫在零下十多度，雪深大約三公尺，沒有人知道此行要花多久的時間，也沒有人知道家屬們在俄國能做什麼或找到什麼……」可以看出，家屬們對未知的旅程不安且擔憂，尤其國際社會才剛走入蘇聯解體後的後冷戰時代，每個人對於共產鐵幕的刻板印象，仍在腦海中揮之不去，凝成無形的壓力。

然而，事後發現，俄國人除了做事節奏與亞洲人相比有時差，態度卻遠比想像中友善。家屬一行人在俄方人員的指引下，帶著忐忑的心，於新庫茲涅茨克市搭乘備好的直升機，前往失事現場。一路上，唯有螺旋槳的引擎聲，與法師的誦經聲在每個人的耳裡迴盪。

佛教支派既繁且雜，此行隨行的蔡樹林屬中彰投一帶盛行的龍華經派，為佛教分支中的齋門。龍華科儀中有請佛、發關、引魂、沐浴、繳庫等拔度儀式，蔡樹林的任務自是要依式引導亡靈入幡，令祂們不至於淪落在西伯利亞的荒野中，永世徘徊。

另一篇由《中國時報》記者郭崇倫所寫的〈雪中尋你千百度〉，文中對招魂的現場有著深刻而細膩的描述：「當直升機到了失事現場上空的時候，鮮花、冥紙不斷灑向已經焦黑一片的失事現場。」家屬和親友呼叫亡者的名字，從喃喃的叫喚變成聲嘶力竭的呼喊。法師此時誦聲不斷，左握金鈴、右拈三炷香，眼皮緊閉，正與天地神靈交涉。

直升機盤旋在上，蔡樹林人雖然滯空，卻能感受到亡魂貼近，與一股想要回到家人身邊的強烈渴望。他立即引魂做法，經過二十多分鐘的法事，蔡樹林在罹難乘客的靈位前一一擲筊。也許是親人來見，亡者格外通融，又或是法師當真法力高深，確實問得神靈允諾，「幾乎每一位罹難者都是一次就擲出正筊，」文章描述。

「眼見筊杯一正一反，蔡樹林鬆了一口氣說：『五個人都回來了！』」

儘管只是短短七個字，在天寒地凍、與台灣相隔十萬八千里，宛若異域的西伯利亞，已足夠安慰家屬的心。然而，家屬卻無法即時發出歡喜甚至感傷之情，因為「全機上的人都已經喊啞了喉嚨、流乾了眼淚，」報導如此寫道。

那一次的異國招魂，堪稱蔡樹林一生中少有的「遠征」，返台回家後，卻僅是輕描淡寫的一語帶過。那便是蔡培慧記憶中的父親，總是不多話，連對餐桌上的菜色不滿意都吝於抱怨，卻會邊吃邊生悶氣。

從麵包師傅變成法師

蔡培慧說，父親蔡樹林是魚池鄉土生土長的南投人，與多數地方鄉親一般，年紀輕輕即北上工作。他原來的行業是一名西點麵包師傅，但顯然生意不到興隆，蔡培慧記得她在國小畢業後到台北與父母同住，每天都吃得到沒賣出去的麵包。

或許正是如此，蔡樹林邁入中年卻收了麵包店，轉了一個令人意想不到的跑道，做起插手陰陽兩界的法師。

那是蔡樹林年輕時學會的技能，十八歲那一年碰上南投老家恩主公廟大拜拜，他基於好奇心（老一輩的人則會解釋是受神明感召），自願走入廟裡拜師學藝，多年修煉，竟有小成，晚年已足以幫人化解陰陽難題。

然而，看在當時仍是高中生的蔡培慧眼裡，爸爸從麵包師傅，搖身一變成法師，卻讓她很「感冒」。對父親不再當麵包師傅，她發出無知的控訴，「你為什麼要轉業呢？為什麼不去當守衛呢？」

「對我來講，他去參加誦經團，簡直不是一個工作！」蔡培慧曾在一次演講中，如此陳述她年輕時的想法。

在蔡培慧當時的想像裡，誦經絕對稱不上是一份職業，更遑論體面，再加上阿公曾是乩童，雙重標籤令她深深感覺到自己與家庭，淪落為「被社會排斥的對象」。

作家林徹俐的父親也是一名乩童，據說不請自來附身的神明，是一名叫遊海的水鬼城隍。平日與朋友偶然談到家裡是做什麼的，林徹俐很少坦白。她說：「畢竟出借身體給神，某些日子短暫成為神，並不算父親的職業，也不是副業，只能算是父親日常裡當志工的事罷了。」

某天，林徹俐的同學發現了她父親的隱藏身分，跑來向她確認：「那是妳家喔？原來妳爸是做那個的。」林徹俐寫道：「祕密被揭露，我同時陷入另一種恐慌。」這一段聽在蔡培慧耳裡，想必是心有戚戚焉。

出版社工作的知識洗禮

面對玄之又玄的神靈鬼魅，在現代常被冠為迷信的無稽之談，光是選擇信與不信就有一道不小的檻。再加上年少的蔡培慧對台灣傳統、草根文化，還非常懵懂。

這樣的想法一直要到她出社會工作之後，才有所改觀。蔡培慧意識到自己被以中國文化為中心的教育洗腦，心中所建構的社會想像，已經有所偏頗與侷限——那是對於生命模樣的狹隘認知。

蔡培慧首份正式工作是在臺原出版社，這家出版社致力於追溯、重現台灣傳統文化，出版作品包括，《台灣鄒族語典》、《台灣開發史——臺灣稀姓的祖籍與姓氏分佈》、《台灣的鄉土神明》、《台灣原住民籲天錄》等，她也參與了其中不少的編輯工作。

耳濡目染之下，蔡培慧說，她才慢慢對台灣傳統文化產生不同的想法。以鄉土神明為例，她領悟到，每一尊受民間敬拜的神明，實為人們對大自然、社會、文化的理解和精神寄託。

正如作者姜義鎮在《台灣的鄉土神明》所言，台灣先民多為中國移民來台，大多聚鄉黨、墾居營生，他在書中寫道：「他們建廟供神的動機，完全屬於『消災祈福』，這足以顯示出先民披荊斬棘與瘴氣、毒蛇猛獸奮鬥的艱苦犯難史實，人們需要『神』的保護，『守護神』的應運而生，實為自然的現象。」

像是台灣香火鼎盛、普遍信仰的天上聖母，即是台灣做為島國、四面環海的本能反應；尤其早年福建移民渡海來台，必須跨越海象險惡的「黑水溝」，無不祈求海神娘娘媽祖能保全性命，讓他們成功踏上彼岸，展開全新人生。

不再避諱自己是誦經師的女兒

蔡培慧同時觀察到，傳統習俗與信仰有時也兼帶社會功能，以南投魚池的鸞堂為例，由於早期重男輕女的觀念根深柢固，家中資源都供給男生接受教育，女性多半目不識丁，鸞堂開課教人念經，得讓女生透過誦經學字。

而她也認為，誦經未必就與迷信畫上等號，天主教有《玫瑰經》、伊斯蘭教有《可蘭經》、基督教亦有《聖經》，民間傳統信仰中的佛教、道教經書，只顯示中西文化在信仰中殊途同歸的傳承與表現。

歷經臺原出版社的知識洗禮，再加上後來參與，時任文建會主委陳其南首推的「台灣社區總體營造」，其核心為台灣本土化思維的拓展，在此一脈絡下工作，蔡培慧不再避諱說自己是誦經師的女兒。

「以前，我不會跟別人講我爸爸在誦經，因為我覺得『歹勢』，不好意思講。後來有人問我，我就敢講！」蔡培慧說。

縱使已經「開竅」，有了全然不同的想法，不再是過去那個把神明拒於千里之外的人，蔡培慧心中到現在還是有些懊悔，在父親生前沒有好好了解爸爸的故事，也從未真的把南投地方的傳統信仰給貫徹清楚。

二○○五年，蔡培慧的父親蔡樹林某天開車載家人到中壢探望親友，半路上鬧胸痛，人受不住，直奔林口長庚醫院掛急診，才發現是肺腺癌末期。蔡樹林出院後，深感時日無多，決定回南投老家一趟，為母親、也就是蔡培

蔡培慧的父親蔡樹林（右一）原是西點麵包師傅，中年後卻轉換了一個令人意想不到的跑道——插手陰陽兩界的法師。

在臺原出版社工作時，蔡培慧透過實際接觸台灣傳統文化，才逐漸理解這些民俗信仰是應運而生、安定人心的自然現象，不應以有色眼光看待。

慧的奶奶「撿骨」（重新開墳，撿洗骨骸重新為其安葬），了結一個心願。

蔡培慧記得，撿骨禮成後，她與父親到伯父位在日月潭旁的船屋聊天。午後清靜，天色微陰，爸爸坐望潭水，沒有說話，彷彿陷入沉思；蔡培慧瞧著爸爸的背影融入天與水裡，這一幕，成為她對爸爸印象最深刻的畫面。

爸爸走了之後，蔡培慧說，她總覺得自己沒有好好把爸爸的故事聽完，愧疚感油然而生，「我覺得我沒有做到，就一直做家事、一直做家事。」

超越時空的心靈依靠

現在對於誦經，蔡培慧心底早已沒有偏見，「那其實是一個安頓的過程，不管是遇到災難也好，遇到困頓也好的一個依靠。」或如在《台灣的鄉土神明》一書中所說：「（宗教）就是人們對災禍、病痛、死亡懼怕心理的心靈填補方術。」

現在，每當蔡培慧人生中遇到什麼困難、心煩意亂的時候，「我就打開經書，抄也好、在心裡默念也好，不然你要怎麼跟超越你的力量連結呢？」那是自認渺小，更是對現世以外的一種奢望。在陽間、陰間，或是千萬個平行時空裡，總歸有一對耳朵正等候著、聆聽你的聲音。

一九九四年四月九日晚上，台灣罹難乘客的家屬即將搭機離開莫斯科，不過五位罹難者中，獨獨《中國時報》記者張旭昇的遺體遲遲未被發現，成為永遠的遺憾。

上機前，張旭昇的妻子鄭美玲不停的說：「旭昇沒有離開，只是我看不見他而已。」在返台的飛機上，鄭美玲回顧，雖不見一絲一縷蹤跡，但她確信丈夫的魂魄正坐在她的懷中。

旁人無法理解那是什麼樣的自信，或可解讀是夫妻之間生死與共的牽絆，也可說，法師招魂從不只是引死者的魂魄，反倒是安生者的心。

走近蔡培慧

有一顆憨膽，勇於嘗試

陳素蘭（蔡培慧母親）：

我二十一歲那年，剛上台北工作，過年才回老家南投縣鹿谷瑞田村。有一年我回家時，跟弟弟一起玩，隔壁鄰居見到我，很是喜歡，隔天便介紹我和培慧爸爸認識，那便是培慧爸爸的外婆。兩週後蔡家下聘，我們正式成為夫妻。

爸爸年輕時很帥，三個孩子都長得像他。那個時候，南投鄉下人普遍務農，但我們是做工的，有做事才有錢、沒做就沒錢。我婆家人參加割稻班，我也會去，六月、十月豐收時，都要去人家田裡幫忙，我記得大家會用扁擔挑稻穀，裝得籃子裡滿滿的。

結婚一年後，我生了第一胎，就是培慧，我很開心。人家都說我是「筆仔生鵝蛋」（台語俗諺，筆仔是一種小如麻雀的水鳥，會生出很大顆如鵝的蛋），因為我體型小，但生出來的孩子體型都很高大。

嬰兒時期的培慧很可愛，村裡的人看她包著尿布走路，屁股擺來擺去就像鵝一樣，所以大家都叫她「鵝仔」。

樸實的家庭背景

培慧小時候很會念書，她的阿公總是開玩笑說：「培慧又當選模範生，阿公要虧錢了，因為阿公要請客吃飯。」她從小在班上當班長照顧同學，在家裡就照顧弟弟。放學回家後，帶著弟弟和其他孩子們在三合院的廣場或曬穀間玩，因為家裡靠山，所以也常去山上玩。

嫁到蔡家第三年，因為鄉下實在沒什麼工作做，我就和培慧爸爸商量，不如上台北工作，機會比較多。於是，我們把培慧留在鄉下給阿公、阿嬤照顧，她和兩位老人家很親。後來兩個弟弟接續出生，等孟訓上小學二年級時，我們就先讓弟弟們上台北念書，當時培慧小學六年級快畢業了，就先留在南投念完，國中時再上來。

做工的人，只能靠雙手打拚。那時候我們夫妻倆離鄉背井，沒有認識什麼人，生活過得很辛苦。我在電子業做女工，有時也兼差當幫傭；培慧爸爸當麵包師傅，就在忠孝東路的頂好廣場。

在台北，我們租過北醫附近的平房，也住過六張犁，民國七十三年在新莊買房子，後來在家附近開了麵包店。過了三、四年之後，因為培慧爸爸身體不好，就把麵包店收掉了。

培慧爸爸學過念經，加上能力很強，我們就開了誦經團，有時受邀做喪葬服務。

有幾次國外發生大事件，譬如西伯利亞空難，需要替兩名《中國時報》記者招魂；或是名古屋大地震，要替台灣罹難者辦法會，都是培慧爸爸去主持的。民國九十三年，培慧爸爸因為肺癌過世，至今都已十八年過去了。

我的三個孩子乖巧又聽話，體諒父母辛勞，也都會去打工貼補家用。培慧無論是念書或工作，我都不太干涉，只有一次她問我博士班要念中山、中正還是台大，我和她說要念就念台大。此外，在她的職涯發展過程中，真的很感謝謝志誠老師的提拔，培慧才有今天的成就。

尊重從政的選擇

我做人很低調，不會因為女兒是台大博士就過於驕傲。培慧當立委的時候，許多人叫我「立委嬤」，我都說叫名字就好。還有人問我們家是什麼背景，女兒怎麼會這麼厲害，其實我們都是做工的人，哪有什麼背景。我也會告訴培慧，遇見左鄰右舍一定要打招呼，這是做人最基本的禮貌。

我原本不喜歡她從政，因為在世新大學當教授不僅工作穩定，還有寒暑假，去從政就是沒日沒夜的工作，看了很心疼。不過人家勸我，培慧有才華，應該讓她從政，我也尊重她的選擇。

我特別感謝蔡英文總統愛惜人才，培慧出車禍時，總統來家裡探望她，還跟我們擁抱，讓我十分感動。

講起培慧出車禍，真的很可怕。起初我不知道她有參與大埔運動，看到電視新聞才知道。她平常會和我講心事，但不開心的事她不說，因為不想讓我操心。

我覺得培慧就是憑著一股「憨膽」，什麼都敢碰。

出事那天，她原本要回家吃飯，我等了很久等不到人，就開始覺得不對勁了。接到電話得知孟訓和她在一起，那時我還不知道發生什麼事，但一看到媳婦回家來拿培慧的衣服，我的心就涼了，整晚睡不著覺，只好起來做粿。隔天知道她出了車禍，我幾乎要暈倒。當時她的昏迷指數只有三，還好最後被救了回來，真的是老天保佑。

車禍後，我陪著她復原，她去哪裡我都要跟。因為腦部受傷，培慧的個性好像回到小孩子一樣，我只好盡量事事順從她。我們準備很多老照片，謝志誠老師也準備了她在九二一基金會時期的照片，幫助她恢復記憶。大概是車禍後第四年，她才真正康復。

培慧是個很貼心的女兒，跟我感情很好。由於孟訓在桃園買了房子，所以培慧也在附近看房，她覺得我在新莊老家只能爬樓梯不方便，就買下這間電梯公寓給我住。現在三個孩子都住在附近，平常週末很常聚餐。培慧每隔一到兩週都會來陪我吃飯，太忙不能來也會讓我知道。她在南投和台北來回奔波，還是會抽空週日晚上回來，帶我去燙頭髮、做美容、做指甲，除了買衣服給我，還會帶我去吃呷好料（吃美食）。

照顧好自己不讓孩子擔心

培慧選立法委員時，我陪她參加很多活動，最後雖然高票落選，但是她很厲害，過去民進黨的參選人都沒有拿過這麼高票。只是培慧太晚下去南投了，如果早一點，我相信不會是這樣的結果。

我跟培慧說，要以平常心對待，尊重選民心意。我也勉勵她，從事政治要從基層做起，才能獲得人民的心，而且不能空口說白話。不過，孩子做什麼我都支持，做父母的管太多也不好。

以前我會擔心培慧沒有結婚，現在我不擔心，全看她自己的決定。現在台灣社會的單身年輕人很多，若遇到疼惜自己的人再結婚比較好。現在我反而比較擔心自己，已經七十三歲了，因為癌症開過三次刀。我想顧好身體，希望保持健康，讓孩子們輕鬆一點，不要成為他們的負擔，孩子們也可以專心經營自己的事業與生活。（採訪整理／蔣金）

第三章

無燈的夜晚

九月二十一日，

一股驚天動地的晃動震醒了台灣。

災難的氣息潛伏在空氣裡，

唯有一盞盞車頭燈劃破無盡黑暗，

滿載物資與救援而來。

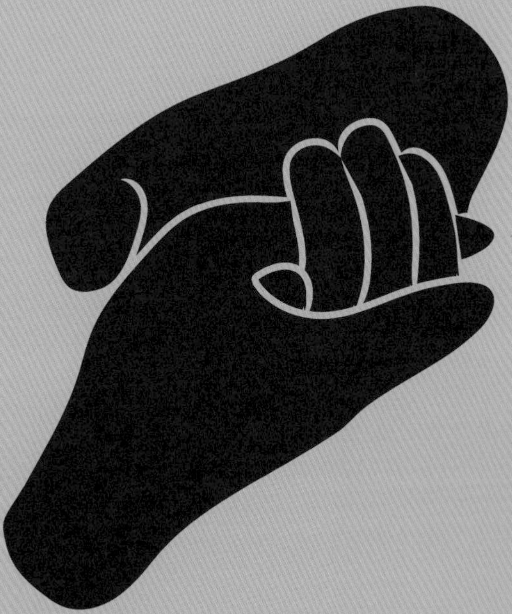

清晨時分，刺眼的車頭燈劃破黑暗。數十輛滿載物資的車隊於夜中尋覓道路，左彎右拐，好不容易開進南投埔里鎮。由於大停電的關係，蔡培慧從車窗向外望，除了車燈照亮的路之外，只有一片混濁，彷彿末世荒原。

在那伸手不見五指的漆黑中，眼不見物，唯見零星的火光飄在遠端，依舊閃耀著。蔡培慧回憶，「當車子與燭光靠近時，才發現是有人往生了。」

一九九九年，九月二十一日，凌晨一點四十七分，台灣發生芮氏規模七・三級的「集集大地震」。

時任總統李登輝在救災日記中提到：「地震發生時，我還在書房裡，先是察覺到電燈漸漸暗去，不到幾秒，就開始一陣天搖地動。我心頭一驚，並感憂慮，規模這麼大的地震，災情恐怕會很慘重。」

地牛翻身一百零二秒，中部供電應震中斷，北部頓時陷入一片漆黑。當時與父母同住在新莊的蔡培慧清楚記得，地震震度之強，她與家人嚇得從五樓公寓一路跑到一樓逃命。

大震過後、餘震不斷。蔡培慧一家人好不容易從搖晃中清醒，想盡辦法要聯繫遠在南投老家的親人，但電話怎麼打都打不通。

蔡培慧說她當時心中只有一個念頭，還好阿公、阿嬤已經不在人世了，要不然她絕對不會原諒自己，在這萬分危急的時刻，沒能陪伴在他們身邊。

前進埔里

強震之後，在人命關天、最寶貴的黃金二十四小時內，消防救難人員必須在第一時間投入搜救工作；國軍凌晨也透過緊急戰備系統，在震後十幾分鐘內做出應變，以第五戰區為主，全力動員投入救災。李登輝則在上午七點左右出發視察南投、台中等災區，並在下午返抵總統府，發表電視談話。

九月二十一日的早晨充斥警消的鳴笛聲，從遠方呼嘯而過，災難的氣息潛伏在空氣裡，明明嗅得明白，卻不知來自何處，在無形中包圍、掐緊人。

時任立法委員瓦歷斯·貝林國會助理的蔡培慧回憶，當時一片兵荒馬亂，在老家毫無音訊之下，她雖然感到無所適從，但也別無他法，只好按照平日作息，一如既往的早起出門、等公車上班，殊不知災難就在咫尺之間——附近「博士的家」公寓大樓倒塌，已有四十五人罹難。

蔡培慧搭車抵達位在中正區的立法院。當下國會並未停電，她收看新聞畫面中才得知中南部災情嚴重。「（從畫面上）看到那個石岡壩已經垮了，我就想那個水泥壩都垮了，那我們老家的土堤頭社壩怎麼辦？」

國難當頭，蔡培慧按捺不住回家的心情，連忙與友人號召物資，二十二日便聚集了四十幾台吉普車，前進埔里。

據當時埔里鎮長張鴻銘所言：「埔里罹難人數已有一百八十人，還有很多災民被壓在瓦礫堆裡，生死未卜。雖然軍方和佛光山已運送三百個屍袋到埔里，但遲遲無法驗屍，又無足夠的冰櫃，安置在外的屍體已有屍臭……」

物資車隊傍晚十一點發車南下，於隔日凌晨三、四點抵達。「（地震後）

我第一次進到埔里，完全沒有燈，只有燭光，」蔡培慧說。

車隊的目的地是做為緊急安置所的宏仁國中，但車隊摸黑尋路半天都找不到路，最後是有人下車探路，才找到方向。

餘震不斷，人心惶惶

蔡培慧說，他們在整理、分配物資的過程中餘震不斷，每次餘震一來，操場草皮如波浪般浮動，學校建築物開始搖晃，人人似凍住一般、驚慌不已，彷彿又回到九二一當晚受創的心靈。

蔡培慧一路忙到隔天下午，才向同事借了摩托車騎回魚池老家查看。她發現，經此一震，老家的四合院塌陷一塊，但並未見到叔叔的蹤影。

蔡培慧心急如焚，不停尋找，見到面無表情的村人迎面走來，趕緊借問熟識的鄰居阿伯，才在山上的工寮找到他們。

空地上，倖存的村人如遊民一般，席地聚在工寮外。沒有休息處，只有一套破沙發擺在工寮木屋外，狀況克難至極，但不管怎麼樣，總算是保全住性命。蔡培慧與親人相擁而泣。

決心留鄉投入重建工作

世紀末的地動天驚，九二一大地震是國民政府遷台後所發生的最大地震，釀成重大傷亡，總計有兩千四百一十五人死亡，二十九人失蹤，超過一萬人受傷。全台估計約有五萬間房屋全倒，另有超過五萬間房屋半倒，全國經濟損失高達新台幣三千六百四十七億元。

地震過後，救難任務告一個段落，接下來便是重建工作的開始。

九月二十五日，李登輝在總統府簽署發布緊急命令，此為台灣有史以來第四度發布緊急命令，一為一九五九年的八七水災、二為一九七八年台美斷交之際，第三次則是一九八八年總統蔣經國逝世。

緊急命令施行期為期半年，李登輝並在發布命令隔日的高層會議中，確定成立「災後重建推動委員會」，重建推動機制分為三級，行政院級、縣市級，以及鄉鎮市級。

中央層級由時任行政院長蕭萬長擔任主任委員，副院長劉兆玄擔任副主任委員兼執行長，且在災情最嚴峻的中部設立辦公室，做為單一窗口。

回到南投，目睹蒙難後的家鄉，蔡培慧下定決心要與南投同在，雖然一時半刻不知道能幫些什麼，但此刻，她已沒了北上的念頭。

除了做義工、在現場協助物資分配，蔡培慧也寫文章，將災區的訊息傳遞出去，以便八方來援的ＮＧＯ、慈善團體能夠清楚了解在地狀況。

蔡培慧說，直到一九九九年年底以前，她都在協助建立「大愛二村」，提供組合屋讓災民安置，不至於流離失所。期間，儘管辦公室三番兩次詢問蔡培慧是否要重返台北的工作崗位，但她心意已決，很快便在仁愛鄉鄉長的邀請之下，參與鄉公所的重建小組，負責居中協調專家學者，針對個別聚落研擬不同的重建計畫，以利對症下藥。

重建工作啟動不易

正當蔡培慧殷切投入第一線工作，全國重建如火如荼開展之際，不遠處，已有兩項障礙必須跨越。

一來，九二一地震同一年的七月一日，正好是精省的組織改隸日，代表災變臨頭，過去省政府救災機制的完整性不復存在，而《災害防救法》必須等到隔年七月才正式上路，迫使重建工作從開始就處於一個過渡期；二來，二〇〇〇年三月十八日迎來台灣二度總統直選，前後政府的銜接，無疑影響到行政院對整體重建藍圖的規劃。蔡培慧說，這是她回過頭來看，才意識到的大局。

南投受到強震重創，蔡培慧（中）立刻決定返鄉幫忙，前九二一震災重建基金會執行長謝志誠（右二）更力邀她加入重建工作，與王俊凱（左一）等夥伴一起打拚。

曾擔任九二一震災災後重建推動委員會執行長的黃榮村，在《台灣921大地震的集體記憶 921十周年紀念》一書中表示：「若謂九二一時正處於真空階段，亦不為過。」他指出，起初，中部辦公室從一九九九年九月二十八日運作到二〇〇〇年一月二十一日後解散，原來由中央統籌規劃、統一對口的業務，再度分散到各部會及地方政府下執行。「二〇〇〇年一月底，行政院九二一重建會形同解散，」書中如此描述。

千禧年大選，台灣史上首度政黨輪替，由陳水扁、呂秀蓮當選中華民國第十任總統、副總統。陳水扁在五二〇就職典禮中說：「新政府對於災區的重建工作刻不容緩，包括產業的復甦和心靈的重建，必須做到最後一人的照顧、最後一處的重建完成為止。」

二〇〇〇年六月一日，政府依九二一震災災後重建暫行條例，於南投中興新村再度掛牌成立行政院九二一重建會。而行政院為統籌運用賑災專戶所成立的「財團法人九二一震災重建基金會」，亦在五月中旬隨政黨輪替提出總辭後，於六月十九日做出局部改組，續聘辜振甫、王金平擔任董事長、副董事長，並另聘殷琪為副董事長、謝志誠為執行長。

自此，重建工作才算按下重啟鍵，全力衝刺。原任全國民間災後重建協調監督聯盟委員的謝志誠，看中蔡培慧的熱情，力邀她加入重建基金會。

法規與需求上的落差

蔡培慧整理歸納當時重建的先後順序，點明當務之急，就是要讓生活恢復正常運作，包括路要通、電要通、水要來，再來就是要解決災民居住的問題，「很多人是沒房子的，怎麼辦？」除此之外，蔡培慧也非常關心災區產業的復甦、扶植工作。

蔡培慧於基金會任職期間，除了愈來愈熟悉相關行政程序，以及中央與地方之間的協調工作，她也在第一線觀察到更細膩、值得反思的在地現象。

蔡培慧首先意識到的是城市與鄉村的觀念衝突。她指出，當時「九二一災區家屋再造方案」，是針對有建築用地的低收入戶，由基金會委託專業團隊替災民建屋，一手包辦從建築設計、請照、營造、監工、申請使用執照及完成產權過戶等過程，每戶最高補助五十萬元；中低收入戶則每戶最高補助二十五萬元（若無法順利取得用地，或擬自行重建或購屋者，則依《家屋再造方案補助款撥付作業準則》撥付補助款）。

蔡培慧表示，補助建屋費用五十萬，再加上房屋全倒的補助二十萬元，以最高額度來計，弱勢災民可獲得七十萬元補助，足以簡單搭建一間鐵皮屋，有房子住，便可以重新開始生活。

然而，營建署的承辦人員卻提出質疑，何以針對沒有相關建照、執照的居民，蔡培慧卻核准通過他們的補助申請？為此，蔡培慧與承辦人員展開激烈辯論。事後回想，她認為，那是兩種截然不同的觀念。

災變之後，蔡培慧將居住人權放到第一位，期盼居民起碼要有地方住，但政府單位卻更著重於居住的財產權，要求房子必須符合法律規範，須按法規設計，有防火巷等設置。與其說那代表政府的迂腐和不知變通，蔡培慧看到的是，政府硬是拿都市的建築來框架農村的住宅，地方居民想得到立即性的幫助，卻不被政府法規所理解。

打破無形的障礙

蔡培慧也發現，她在地方上與村民互動，有一道無形的障礙。

某日，蔡培慧與基金會團隊、重建會官員，和銀行人員同到仁愛鄉中正村說明家屋再造方案，就在她為村民解說、梳理各式方案後，卻得來村民們的靜默。她回憶：「我明明也是來自農村的孩子，全程互動，可是講完之後，這些長輩不會跑來跟我們聊天；不是問隔壁的，就是問代表、村長。」

「那時候，我才意識到，中間一定有什麼聯繫是我沒有注意到的，」蔡培慧忽然意識到地方連結的特殊性，不能用都市現代化的語言、思維來突破；身為一名離鄉返家的農村小孩，她決定在過度注重現代性（modernity）的二十一世紀，重頭學習「鄉村性」（rurality）的真諦。這也促使她回歸校園、重拾書本，試圖釐清背後的社會脈絡。

從理論與實驗中，找到回家的路

二〇〇二年，蔡培慧進入台大農業推廣所（現為生物產業傳播暨發展所）就讀。回憶起再度求學、完成博士論文的那段日子，她形容是一場回歸，一步一腳印進行返鄉的實踐，藉此「親近宛如父兄的農民、重新經驗記憶中的阡陌田野」。

在爬梳理論的過程中，蔡培慧發現，農民在都市人的印象中只有刻板的單一面貌，但農民之間的「差異度」其實很高，既是生產者，也是消費者，會受到外在環境、市場互動、國家政策的影響，與時俱進扮演不同角色。

然而在社會階層的觀點裡，農民經常被視為一個同質團體，並在資本主義、工業發展的脈絡下，形成農業與工業、鄉村與城市的簡單化約，甚至被冠上落後的標籤，忽略農民豐富的文化承載。

簡單來說，蔡培慧的命題，是向學術提問：「農民是誰？」在釐清、質問的實踐裡，試圖為摘下社會、階級、歷史為他們戴上的面具。過程中，她感受到這可能也是在卸下自己無意間戴上的面具。

「這是一場禮敬，追尋奔走於鄉間林道，苦思農民、農村、農業……做為一個農鄉兒女，實在心驚自己愈走愈遠。期待藉由理論實踐與草根行動，一步一步走向返鄉的道路，」蔡培慧說。

與九二一重建基金會和博士學位並行，雖然當下的她沒有意識到，但那忙碌的九年正是蔡培慧累積能量的日子，為的是在接下來的抗爭中，保護她熱愛的農民和土地，以及無論如何都不會退讓的價值。

走近蔡培慧

謝志誠（前九二一震災重建基金會執行長）：

一起走過災後重建的歲月

九二一大地震後不久，我加入全國民間災後重建協調監督聯盟（簡稱全盟）擔任副執行長，必須常往災區跑。有一次我到宏仁國中探訪，遇見培慧，兩人一見如故。

二〇〇〇年政黨輪替，即將上任的陳水扁總統拜託李遠哲（時任中研院院長、全盟召集人）研提重建建議書，李遠哲要我主筆。關於原住民地區重建的內容，我就請培慧幫忙，因災後回鄉服務的感情使然，培慧思考留下來不回台北，所以計劃在南投找個工作做，剛好當時的仁愛鄉公所正缺人做一些法案的工作，有國會辦公室助理經驗的她，正符合仁愛鄉公所的需要，她也就順勢留在仁愛鄉公所服務。

邀請加入九二一基金會

二〇〇〇年，九二一基金會聘我擔任執行長，我為籌組新團隊開始招兵買馬，包括王俊凱和全盟的一些夥伴，直接轉往基金會服務，因應原住民地區重建的需要，所以我馬上向培慧招手，她也答應了。

之所以會邀請培慧進入團隊，是因為起初在帳篷區見到的她，就是一副熱心的樣子，跟她實際接觸後，發現她給人一種做實事的信賴感，經常走來走去到處幫忙，形象溫暖又親切。

九二一基金會成立的第一年，由於培慧很關心弱勢族群地區的重建，便想出一個方案，給予經濟情況差的受災戶補助，也自告奮勇要接下專案。隔年，基金會成立南投辦公室，由於專案執行地點接近災區，培慧就此常駐南投，辦公室也全權交由她處理。

出於對弱勢的關懷，培慧希望有更多人能來申請這個專案，畢竟一筆二十五至五十萬的補助款，對弱勢者來講是極大的支持。因此，她不厭其煩的到處辦說明會，即使現場只有兩、三個人，也不放棄；她還透過社區、鄉鎮公所、NGO的力量，到更多地方辦說明會。培慧上台演講的能力，就是那時訓練出來的。

也因為希望專案可以幫助到更多人，培慧放寬了審查標準。一般來說，低收入戶標準會按照財產跟收入來認定，有些人的財產雖然超過標準，但地震發生後手上沒有現金可以使用，導致生活確實出現問題。我們為此設計了一個「情境相同」的選項，可以讓這些實際需要協助、卻不符合申請標準的人，也有機會拿到補助款。因此，這個專案受惠人數除以受災戶比例，是超過政府公布的貧窮線標準的。

在弱勢補助資格認定上，我們協請NGO組織或鄉鎮公所工作人員，實際了解個案，只要經過他們背書，基金會就接受，而每一個方案的認定，都是結合眾人之力去判定，其中難免會有不公平的質疑或爭議。我們的做法是，爭取通過，就歸功於協助申請的單位；爭取不成，就由基金會承擔，把申請者感謝目標放在鄉鎮公所身上。所以不管什麼政黨、村里鄰長或NGO組織，都十分樂意幫助我們。

此外，重建還留下很多東西，甚至有些方案至今存續。譬如「愛的書庫」在從九二一發生至今，已實行二十幾年，其他如：老人送餐、居家照顧也是。當時送餐訂下一餐七十五元的補助標準，過了這麼久還沒有人可以超越。

從體制外的衝撞到體制內的改變

當時正處於朝小野大的年代，政治環境惡劣，我們只能戰戰兢兢，隨時做好明天基金會就可能解散的準備。我們期許自己是以一種漂亮的姿態離開，哪一筆經費撥款多少、哪一個計畫花多少錢，都要很清楚。

還記得當時每晚下班前，一定要把一整天的帳完全點清，並且將紀錄上傳到網站，才會下班。如今，基金會雖然已經解散，但網站依舊存續，所有資料也都公開透明，就連結案報告都還掛在網頁上。回想起來，那段歷程雖然辛苦，但我們都覺得做的事情很有價值、很有尊嚴。

如今，距離九二一發生已二十多年，我還會收到東勢王朝、就是倒得最嚴重的大樓的住戶寄來水果，他們若有上台北，也會送來自家醃製的高麗菜，我們一直保持聯絡。

培慧在基金會服務的過程中，得到很好的行政經驗訓練，當時她有很大的發揮空間，還沒有展現出衝撞體制那一面的性格。基金會成立之時，就訂好二〇〇八年結束的目標，培慧是二〇〇八年參與台灣農村陣線（簡稱農陣）的活動，跟原來工作距離不遠，都是農業議題，而她當時參與社會運動，某個層面來說，也為二〇〇〇年之後台灣社會運動的轉變帶來影響。

後來，蔡政府上任後，看待社會運動的態度與之前不同，我判斷蔡英文會找培慧當不分區代表，其實本來培慧是不願意的，後來蔡英文當上主席，又再次詢問培慧擔任不分區立委的意願，培慧才點頭答應。當時我認為這是一個機會，否則以她的背景，若沒有農陣的經驗，怎麼可能獲得從體制內推動改變的機會。雖然不知道是好是壞，但多一個人生歷練也不錯，反正她還年輕。

事實上，以培慧的條件來說，可以試試出來選，沒選上大不了回學校教書，尤其南投是她的家鄉，她有熱情也願意投入，加上民進黨對南投選情的期待，再怎麼樣都值得闖闖看。

此外，九二一的經驗讓培慧深知，執政權和建議權兩者天差地別。我想她還是希望執政，雖然辛苦，但唯有如此才能帶來改變。

不同職位豐富行政經歷

回頭看培慧的成長歷程，九二一基金會讓她有機會站到第一線，雖然不是地方首長，但可以藉此了解政府的運作基礎，並與地方及建設部門溝通互動。而不分區立委的經歷，則讓她清楚知道中央與地方行政機制的不同之處，這兩個不同階段的職位，都提供了培慧豐沛的養分，讓她能持續在公共服務領域中奮鬥。

二〇一九年，我與記者陳鳳麗合著一本《迸裂土地而出的力量：走過二十年，十二個九二一災後堅持至今的故事》，記錄了十二個九二一災後堅持至今、努力不懈的經驗，為二十年來持續奮鬥的人留下痕跡，我請培慧寫序，她寫得非常好，我每次看都想掉眼淚。

培慧寫道：「九二一雖然帶給人們難以抹滅的傷痛記憶，但台灣社會將這份傷痛轉換為社會支持的力量，無論是農村振興，人際關係與資源的流動，都有了不同的啟發與政策。隨著世界的流變，我們也要往前邁進，用遼闊的視野，流轉在人與人間的正面力量，在尋求安身立命的同時，進一步凝聚共好的社會。」的確，災難的降臨雖然帶來苦痛，可是生活在台灣這片土地上的人們，秉持堅強韌性，打破國界圍籬，跨越縣市鄉鎮的疆界，凝聚人與人之間的本心，就能讓滿是傷痕瓦礫的土地上，迸出青綠新芽。（採訪整理／蔣金）

走近蔡培慧

王俊凱（九二一震災重建基金會工作夥伴）：

為家點燈

會認識培慧，是因為九二一震災重建基金會。我跟她從九二一地震發生到重建整整當了十年的同事，培養出深厚的革命情感。

培慧特別關心農村與原住民議題，地震後好長一段時間我們經常深入災區，當時國道三號（意即第二高速公路、二高）尚未興建完成，從台北出發到南投瑞岩部落是條來回超過十二小時的路程，許多災後重建的策略與方案都是在車上辯論與構思出來的。

深入部落的探勘以及會議後，由於地震後的山區路況惡劣，我們常需趕在天黑之前離開。培慧常笑我只能開「禮賓車」，因此她一手包辦所有山路的駕駛，她認真的說她擁有「山路駕照」，而那如履平地的速度對照著我那抓緊車窗上方握把的力道，我真的一度相信了「山路駕照」的原住民部落傳說，當然也見識她那股做事的無畏與衝勁。

賑災十年，扎實歷練的過程

九二一基金會是公設財團法人，由捐款成立，屬於任務型的編組。二〇〇〇年政黨輪替，民進黨接手後工作人員轉換成一群並無行政歷練的年輕人且成員不超過十人，但經手的賑災金額約莫一百五十億，賑災款生息速度可能比規劃災後重建方案的速度還快，接手之初壓力之大可想而知。

我跟培慧正是第一批被謝志誠教授找來基金會幫忙的年輕「肝」，街頭論政算是日常，不過寫過的專案計畫資金幾乎不超過千萬，突然有機會從體制外進入到中央體制之內，要學習的事情本來就多，更何況是百廢待舉的災後重建。災民期待，官僚質疑，甚至執政成績的壓力，我們需要有創新思維的政策方案，更要務實與行政體系彼此相容，重建十年與重建區共同寫下許多故事，親身經歷一座座城市從衰敗到復興，也看見人們如何從悲傷到充滿希望。雖然身處高壓環境，這段經歷是壓縮成長卻也是濃縮精華。

關懷弱勢的政策方案設計者

面對人們對政府重建成果的期待，我們必須提出讓民眾有感的政策，而家屋重建則是最為急迫的問題，所以基金會決定以「住宅重建」為主要方案。爾後我投入都市更新專案，而培慧則選擇弱勢造屋與原住民遷村議題，老實說那是一件非常吃力不討好的工作。

重建方案的核心，是要讓災民住有其所，當時政府確實提供了三百五十萬優惠貸款的政策，其概念是自助而人助，透過利息補貼，減輕民眾向銀行貸款的負擔。不過，當年長者或是經濟弱勢還款能力備受質疑時，優惠貸款就成為他們的海市蜃樓。

培慧信仰居住即是人權，但回到政府政策是否真能直接撥款幫忙弱勢災民蓋房子，恐怕也要面對之前所提的「自助人助」與社會公平問題，因此倘若要推出弱勢造屋方案，那「政策論述」便顯得十分重要，得經得起政治與輿論檢驗。

我非常佩服培慧，當時她提出，倘若銀行放貸三百五十萬優惠貸款給重建戶，其實是由政府補貼了二十年的利息，利息折現約為七十到八十萬元，弱勢若無法申請到貸款等同於無法享受政府補貼的美意，那是否能使用這七十到八十萬元直接協助弱勢造屋，蓋出簡易且至少二十年可用的住宅？沒有違反公平原則，更同時替災民解決住屋問題，讓他們可以休生養息，慢慢恢復過往生活。著名謝英俊建築師的部落共工作品，就是這個方案下的代表作品。

想出方案之後，接下來就是誰可以拿到這筆補助的問題。當時，蔡培慧決定在政府貧窮線的標準以外，以歐洲國家對於貧窮線標準為上限，放寬評估來擴大補助對象。

對比我參與的集合式大樓重建以中產階級為主，培慧的工作對象是弱勢戶和原住民，他們聯繫和接收資訊管道不足，建立信任感、講解補助規則進而執行並不容易，需要更有溫度，因此基金會為弱勢造屋及原住民遷村案正式在南投設立辦公室，由培慧帶領部分工作人員常駐服務。

展現圓融溝通與行政能力

除了如何主動找出符合補助資格的災民，實地訪查、照相、撥款、核實，還得和當地組織和政府合作，調合各方關係，並直接站在第一線面對所有疑義，培慧所承擔的，是一項非常困難的工作。

地震後人們的情緒難免高漲，每位災民是感性還是理性看待震災，將房屋看做是家還是房地產，觀點不盡相同。我們最常遇到的狀況，是與災民意見相左的時候，災民會冒出一句：「你又不是災民，怎麼可能理解我！」此時，培慧總會誠懇的表達：「我是土生土長的魚池人，也是受災戶，請您放心……」藉此來拉近彼此之間的距離與認同感。

我與培慧至今都很感謝謝志誠教授的知遇之恩，以及能有機會為國家服務，可以在公共政策的靈活度裡找到平衡點，真正解決社會問題，讓我們學習到如何從無到有設計方案、協調各界人事物，進而完整執行、接受檢驗，這對於培慧進入政府體制內服務，我是有絕對信心。

少了培慧的南投是一種鄉愁

基金會時期，我認識的培慧很草根、在地，為了完成任務，需要耐心協調、拉近中央政策和地方實際情況之間的距離，當時她展露的多半是處事圓融、性格柔軟的一面。直到基金會依法解編，她再次走入民間，我才發現培慧也有很「衝」的一面。印象最深刻的是，我看到她站在宣傳車上，手裡拿著麥克風，為大埔事件吶喊，和過去的她確實很不一樣。

很多人是從大埔社會運動才認識培慧，不太清楚她在九二一災後重建中扮演的溫暖角色，其實投入弱勢及原住民議題，無益於人脈積累與政治能量，對選舉也毫無幫助，因為這群人通常不是公共事務的積極參與者。就我的觀察，培慧之所以投入，一來是她對家鄉的使命感，二來應該是生命的反饋，她的求學過程並非一路順遂，她卻一步步自我超越走向巔峰，有句話足以形容她：「在邁向未來之時，而不遺忘過去。在風暴中學會站立，卻仍同情那些跌倒的人。」

我和培慧雖然在基金會結束後就各奔東西，但平時聯絡時，還是會討論個別感興趣的公共政策。我知道培慧一直想要改變家鄉，談起革新南投的方案與做法就滔滔不絕，不過，對於缺乏地方人脈背景的她，這是條艱苦而我從不忍開口鼓勵的路。但看她樂觀又堅定的態度，我開始相信是自己世故太早，少了培慧的南投會是一種鄉愁。（採訪整理／蔣金）

走近蔡培慧

細心察覺他人需求

廖振益（南投縣中寮鄉龍眼林福利協會總幹事）：

一九九九年發生九二一大地震後，許多年輕人都離開中寮，只留下孤苦的老人家獨守家園。為了妥善照顧這些老人家，我在南投縣中寮鄉創立龍眼林福利協會，同時開設銀髮日照中心，照護北中寮七個村子的年邁長者，也辦起長者共餐。

二〇〇二年，我擔任中寮鄉龍安村村長，協助村民向九二一震災重建基金會申請重建補助，也是在那時結識擔任九二一基金會執行祕書的蔡培慧。

當時，培慧勤訪災區，實地了解災民需求，也總是熱心十足的跟我們介紹基金會有什麼服務或補助可以申請。從那時起，我就知道她是一個既熱心又細心，用心做事情的女孩子，會細膩觀察到各災區居民的需求，並盡力思考解決方式。

盡心協助重建家園

那時我跟培慧反映，有些村民十分窮困，以政府現有補助款重建家屋有困難，培慧回應，基金會可以替村民申請補助金一戶五十萬元。

基金會根據協會提報的建議補助名單，派人實地審核，決定是否予以補助。光龍安村就有六、七戶受惠於這項補助，相信其他村子、災區受惠的人數也很可觀。

震後重建的房子都要求須符合建築法規，基金會補助的經費其實無法完全支應，所以基金會也幫忙災民研究有無其他政府補助可以申請，譬如化糞池或其他公共設施等。

除了房舍本身重建有經費與法規上的限制，清水村的二十戶居民原本居住的山坡地，地震後土質鬆動、走山，完全不適合原地重建。於是，我們建議培慧必須遷移這些居民，並邀請我們與基金會執行長謝志誠開會討論，達成必須遷鄉的共識。

但居民沒有土地怎麼辦？如何蓋新房子？培慧的想法是由基金會出面，找到國有地，以租或賣的模式提供給災民。最後也的確是透過基金會辛苦層層交涉，林務局才同意無償提供國有林班地給災民重建家園，災民不用租也不用買。

當時，基金會相當有先見之明，建議蓋社區型房子，可以壓低建造成本，同時還邀請到東海大學建築系教授羅時瑋協力，將房子設計得很漂亮，直至今日，房子的設計風格絲毫不退潮流，許多建築都比不上。

當時，社區每一戶的重建經費約兩百萬元出頭，基金會補助五十萬元及協助申請相關補助，一戶僅需負擔六、七十萬元的費用，就可以重建家園，又能申請免息貸款，許多人想住還住不到。

要政府單位提供土地，甚至國有地順利變更成蓋房子的合法建地，真的非常不容易，也需要相當長又複雜的溝通過程。但培慧在整個過程中，始終不厭其煩的往返協調溝通，跟我們一次次討論如何幫助災民，她的努力我們都看在眼裡。

細心考量災民需求

當時，清水村這場遷鄰運動算是概念先進，讓災民能夠直接搬遷至安全的地方，而且是永久屋，不是住沒多久就要拆屋還地的組合屋。我認為這影響了政府在其他災區的做法，開始推廣永久屋取代組合屋。清水村遷鄰的居民至今仍十分感謝政府與基金會的協助。

另外，原地重建還碰到建蔽率限制的問題，許多倒掉的房子坪數只有十坪上下，若要依照政府規定的建蔽率重建，新建屋只有六坪大，扣掉屋簷，實際只剩四、五坪，就像個小鳥籠一樣，怎麼住？遑論那麼小的地坪如何蓋二、三樓？

培慧那時常來中寮，我們會跟她反映民眾們的苦痛跟需求。提了幾次房子建蔽率問題後，培慧建議我們擬計畫建議書給行政院九二一震災災後重建推動委員會，謝執行長也協助說明，最後重建房子採用「原地重建模式」。據我了解，建蔽率的鬆綁不只中寮受惠，更擴及全部九二一地震災區，造福許多災民。

如即時雨的長輩共餐補助

經過九二一重建的過程，我跟培慧愈來愈熟識，互動也多了起來，她若有來北中寮，必定會來我們這裡走一走。

那個時期開始，我在中寮七個村子推動長者共餐與送餐，在當時的台灣是相當前驅的計畫。培慧看到了，建議我可以寫計畫說服基金會的委員補助執行專案。計畫順利通過審核，基金會每年補助我們八十萬元，直到基金會解散。

現在想想，還好有培慧的建議與基金會的幫忙，不然光靠地震後的小額捐款，長者共餐計畫可能執行兩、三年後，就會因為經費不足而打住，甚至影響龍眼林協會的存續。

這份補助，也讓協會在最高峰時，一餐要準備全中寮十八個村、四百三十個人的便當，實際幫助長輩解決用餐問題。因為老人家通常很節儉，自己在家時經常隨便吃，或長期吃醃漬物、不新鮮的食物，導致營養不良；協會提供的共餐便當，不僅請營養師調配營養均衡的餐食，使用新鮮的蔬菜魚肉，提供足夠的營養補給，提升長輩的免疫力，比較不容易生病。此外，地震後，有幾間房子都是因為長輩煮飯忘記關瓦斯而燒毀，送餐計畫也可以減少火災的風險。

儘管培慧不是補助的決策者，但多虧她常來災區實地探訪，細心觀察災民需求，再把需求帶回基金會，才能提供受災戶實際的協助。培慧細心的性格，讓她總能深度了解他人需求，像是推動長輩共餐、送餐計畫，表面上是協助協會運用經費，但實際幫助到的，卻是整個中寮鄉四百三十戶家庭，涉及層面廣大。

一路走來，服務社會初衷不變

認識培慧二十年，深知其做事方式與執行力，而且不論是幫農民說話，或幫忙爭取建設地方道路，仍維持一貫的用心與細心，她總能清楚看到不同事物的重要性，並針對需求提供實際的協助。

這幾年，協會受到中寮農產收入下滑以及疫情影響，捐款嚴重衰退，培慧得知，主動聯繫過去曾固定捐款協會的企業，商請能否協助福利協會度過財務關卡。透過培慧的幫忙，協會不僅度過了經營上的關卡，更收到二十年來最大的捐款。

長久以來，培慧在諸多關鍵時刻幫了許多忙，我十分感念她為中寮、為社會做的事情。如果她有機會擔任政治首長，相信絕對是人民的福氣。（採訪整理／陳茾薇）

第四章

強權，我不怕！

秉持著對農村的情感，

熱血衝撞體制、替弱勢發聲，

她深知：唯有做，才有改變的機會。

二〇一三年七月十七日晚間，大埔四戶拒絕拆遷戶，與台灣農村陣線計劃隔日再上凱道，至總統府前陳情。其中一戶的屋主彭秀春回憶，大隊人馬在凌晨出發，出發前目睹許多媒體SNG車守在現場，苗栗縣政府馬上就要強拆房舍的消息不脛而走。

她在內心吶喊：「我不要上台北！我真的不要上台北！」彭秀春深知縣政府的霸道，害怕怪手會在凌晨趁虛而入，但是當下沒有人聽進她的焦慮，大家都認定政府不會如此蠻不講理。她儘管憂心忡忡，最後還是被推上了遊覽車。

事後證明，彭秀春的擔心並非空穴來風。城市人不解地方首長的「官威」，以為凡事都能理性溝通，沒想到北上抗議的遊覽車都還沒抵達目的地，彭秀春的家就被拆了。

「怎麼會有這樣的政府？」收到通知的時候，彭秀春說她氣極了，滿腦子都是想衝回家的念頭，「怎麼會想到早上出門，家已經變成瓦礫堆？」但當下折返也無濟於事，他們只好按原訂計畫到府前陳情。

在權力的威勢面前，人民永遠是小蝦米對抗大鯨魚。

衝撞的現場

「我們一而再、再而三的走既定程序，陳情、訴訟……一而再、再而三的敘述大埔案的不當，土地徵收制度的扭曲，但是你們卻一而再、再而三的縱容（縣長）劉政鴻！」時任農陣祕書長的蔡培慧站在維安警察組成的人牆前，絲毫沒有退縮，義憤填膺的發言。

「你拆掉的，是台灣人對公理、對正義的信心，」蔡培慧正氣凜然的對總統喊話，「今天只是一個開始，你只要拆了大埔四戶，你只要放縱劉政鴻，你就必須時時刻刻接受台灣人民游擊式的行動！」

說罷，蔡培慧向凱道廣場上席地而坐的抗爭夥伴及大埔居民高喊：「我們還要坐在這裡嗎？我們要不要進去找馬英九討個公道？」隨即一個轉身撞向背後警察，但警察手挽手圍成的人牆牢不可破，又將她強逼了回去。

眼看蔡培慧身先士卒帶頭衝，在場同伴也一股勁的撲上去，有人甚至不惜要鑽過警員胯下的空隙，只為能夠貼近總統府一點，彷彿再近一些，就能把人民的怒吼灌進政府，讓掌權者聽見老百姓捍衛家園的決心。

「我看到培慧老師在那裡，我也不知道哪來的勇氣，」彭秀春說：「我管不了那麼多了，我就想說，我什麼都不怕！我要衝進總統府！」

彭秀春豁出去了，發瘋似的衝向前，卻身陷人群漩渦。漩渦裡的空氣稀薄，令人窒息，彭秀春從嘴裡喊出口號，卻聲嘶力竭、話語支離破碎，僅能吐出淒厲而尖銳的哭音。只見她嬌小的身軀撞入冰冷的警盾，卻什麼也沒能推動。

一個天旋地轉，彭秀春忽然癱倒在地。脫力的她仍想戰鬥，可是力不從心。「我沒有力氣、沒有力量，只有生氣。」

「讓開、讓開！叫救護車！」周圍的人慌了手腳，想在混亂中給彭秀春一個呼吸的空間。直至休克昏倒前，彭秀春仍想著，「人民選出來的政府，怎麼是這樣子的一個政府？老百姓只不過要安定的生活而已啊。」

只想有個家

二〇一〇年六月九日，苗栗縣縣長劉政鴻以擴建「新竹科學園區竹南基地」為由，動用警察圍住苗栗大埔農地，並在隔日指揮怪手開入稻田裡，毀壞即將收成的稻殼，成為後來眾人所知的「大埔事件」。

回憶起怪手侵入前的稻田，彭秀春說，當時正是每年收成的月份，稻穗就快要轉成金黃色，不到一週就能收割，卻在怪手的破壞之下毀於一旦。

大埔是一個小鄉鎮，當地居民以務農為生，若是拿走他們的土地，等於是剝奪他們賴以為生的生存工具，而縣政府按照公告地價加四成進行賠償，價格極為低廉，農民就算收了那筆錢，也很難再另外購地建屋，根本沒有人願意接受政府徵收。

彭秀春與丈夫張森文不是以務農為業，但兩人在當地經營藥局，雖然是小本經營、收入不豐，但已足夠生活花用，兩人也沒有搬遷的意願。

她坦言，當時得知自己家被劃入徵收範圍，非常錯愕，尤其他們在一九九七年時，就因為道路拓寬被拆過一次，沒想到又會再次遇上。而且，這一次竟是被要求舉家搬離。

「這個是我家，（我們）當然不想離開。」

彭秀春說，他們在一九八三年後遷至大埔，當時就是不希望一直租房子，被人家趕來趕去、居無定所，想擁有自己的家，才下決心買房，盼望過上安定日子。

第一次被拆的時候，縱然不甘心，她說：「但我們就是孤鳥，要跟誰講？不知道怎麼抗爭，就鼻子摸一摸，拿了拆遷費，把房子修補起來，反正還能做生意。」逆來順受，是一般老百姓對權力不講理時的尋常反應。

然而，當政府得寸進尺，想要進一步全部徵收時，人民再寬容也無法坐以待斃。

關懷農村而成立農陣

彭秀春記得，大埔居民首先組成了自救會，希望能夠自力救濟，但他們無權無勢、缺乏資源，又欠人脈，大埔迫遷案始終沒有得到社會的關注，尤其礙於苗栗縣政府的施壓，很多媒體就算知道也不敢報導，居民可說是孤立無援。

彭秀春表示，所幸當時有台灣農村陣線伸出了援手。

談起台灣農村陣線的成立，要回溯到二〇〇八年十二月，立法院無預警一讀《農村再生條例》。深怕條文大幅放寬地目變更條件，及對農村花園景觀化的錯誤定位，若執行上路，將對農村造成毀滅性的打擊，作家吳音寧協同農家子弟楊儒門、政大教授徐世榮、成大教授林朝成、立委林淑芬及蔡培慧，召開「農村再生條例滅農三部曲」記者會。

記者會的舉行也成為一個契機，讓全台長期關心農業發展的農民、農村工作者、NGO、媒體工作者、法律專家、藝術家和學生等熱心人士開始南北串聯，希望對政策上的漏洞做出回應。

這樣的串聯從舉行讀書會討論研究《農村再生條例》開始，也參與各地農地徵收自救會、走入農村做田野調查，同時在網路上發聲，希望政府可以正視台灣農村的發展、農業的生產，與農民的生計。

這群人起初以「我們」自稱，但是隨著與外界開始頻繁互動，需要一個正式名稱，最後決定以「台灣農村陣線」為名，期盼可以站在台灣農村的最前線，訴求土地倫理與環境正義，讓台灣能夠農鄉永續。

首任農陣理事長徐世榮回憶，當時擔心《農村再生條例》一旦在立法院三讀過關，可能會摧毀台灣農業與農村，大家因為有共同的理念才會相互認識、一起站出來。

徐世榮自謙的說，農陣有來自全台各地的代表，他剛好人在台北，當時又需要一名年紀比較大的「長輩」做號召，大家便推舉他擔任理事長。他直言，蔡培慧才是農陣真正的靈魂人物。

扮演農陣的關鍵角色

徐世榮頭一次見到蔡培慧是在反《農村再生條例》的記者會上，對她的第一印象是很聰明，也對農村很有感情，不像其他世俗的年輕人，老想著要賺錢創業。「是一個很有台灣味的女孩子。」

而在與蔡培慧共事的過程中，徐世榮更深深感受到這名年輕人「不簡單」。他指出，蔡培慧雖然擔任祕書長，但很多年輕的夥伴都是受到她和吳音寧的吸引才加入農陣，可以說是支撐起台灣農村陣線的主幹。

「她一直都是農陣的核心角色，」徐世榮說。

除了有非比尋常的號召力，徐世榮更稱讚蔡培慧有勇有謀，不但在抗爭現場充滿爆發力，而且論述清晰，同時具備卓越的謀劃能力。

徐世榮說，他印象最深的事，莫過於二〇一三年八月十八日，苗栗縣政府強拆大埔，農陣於凱道舉辦「818 把國家還給人民 拆政府晚會」，有超過兩萬人到場聲援；晚會結束後，原計劃到行政院前繼續抗議，蔡培慧此時卻走到他身旁，小聲告訴他，真正的目標其實是內政部，並叮嚀他不要對外宣揚。徐世榮於是不動聲色的點點頭。

「保安警察全在行政院那邊等我們，抗議隊伍沿著中山南路前進，到了徐州路突然右轉進去，有人從徐州路轉，有人在濟南路轉，」徐世榮回憶。

最終，奇襲成功！抗爭者當晚一邊高喊「昨天拆大埔，今天拆政府」的口號，一邊翻過了內政部圍牆。而隨著愈來愈多民眾湧入，內政部大門被硬

二〇一一年七月十七日，農陣與上萬農民站上街頭力促《土地徵收條例》修法。前排右起為苗栗後龍灣寶帶領者張木村、灣寶自救會長陳幸雄、自救會成員洪寶玉。

生生的推開。每個人席地而座、靜默抗議。

那一夜，農陣包圍、占領了內政部大樓，決心一定要讓政府聽見他們的聲音。

抗爭人生正式啟動

那是個土地抗爭遍地烽火的年代，不只是苗栗大埔，還有後龍灣寶、二重埔、中科四期二林園區等。徐世榮說，蔡培慧不只為抗爭貢獻她的所知所能，也毫無保留她的情感。

徐世榮觀察：「蔡培慧談到農村、農民都會哭，情緒會比較濃一點，是真的全心投入。」

談及農陣，蔡培慧說，其實一開始農陣並非走街頭路線，而是一個「自願自覺、有機整合」的組織，眾人意識到《農村再生條例》對於農村可能造成的破壞，進而站出來發聲，更號召年輕人認識農村文化。

就在「農村再生條例滅農三部曲」會後，蔡培慧寫下〈在自己的土地上流離失所〉一文，稱當時的《農村再生條例》是「妄圖以再生之名，行土地兼併、圈地之實」。

她在文中指出，通篇法條不見鄉村「產業」策略、只有著墨土地整備的粗糙條文，簡直是一部去農業、去農民、去文化的偏頗法律。

接下來的一年，農陣除了阻擋行政院版的《農村再生條例》在立法院通過，也積極籌備「夏耘：農村草根調查」，並在二〇〇九年七月首度舉辦營隊，讓台灣社會更認識農村。

農陣自動自發走入鄉村做田野調查，包括有人去後龍灣寶、有人去二林相思寮，也有清大學生在二〇一〇年年初至竹南大埔訪談。

而就在農陣與青年訪談後不久，同年的六月九日凌晨，苗栗縣政府出動上百名員警無預警封路，以整地之名，將怪手開入馬上就要收成的稻田。

至此，大埔事件正式躍上社會大眾的目光，開啟了蔡培慧的抗爭人生。

做才有改變的機會

苗栗縣政府「官逼民反」的蠻橫行徑，引爆全台農民的怒火。農陣於二〇一〇年六月十九日與大埔、二重埔、灣寶、相思寮等土地徵收自救會發表聯合聲明，呼籲「一方有難，八方來援」，除了號召農民團結，更吹響反擊政府的號角。

六月二十三日，竹南大埔自救會北上至總統府和監察院前陳情，將農民抗爭帶進首都台北，也為接下來夜宿凱道的行動儲備能量。

七月十七日，農陣與各地反徵收自救會、農民團體、台權會共同發起「台灣人民挺農村，717 凱道守夜行動」，力抗政府浮濫土地徵收，並提出「停止圈地惡行、立即修法、召開土地與農業會議」三訴求，現場守夜人數衝至三千人，卻始終得不到總統接見，顯示這場抗爭將成為一場持久戰。

大埔居民雖在同年獲得時任行政院院長吳敦義以公文承諾「原屋原地保留、農田集中劃設歸還」，但爭議未歇，隔年農陣不得不與農民再度返回凱道夜宿抗議。

然而，苗栗縣政府非但不爭取與居民和解，仍執意強拆大埔最後四戶，甚至趁二〇一三年居民再上凱道之際，突襲拆除。

縣長劉政鴻受訪時，還坦承自救會北上是「天賜良機」，縣府把握空檔提前拆除，「趁抗爭人數較少時拆除，減少流血衝突，怎麼能說我趁人之危？」

「當下拆了，我幾乎就是崩潰，」蔡培慧指著衝撞警察的左臂說，「（那時）整隻手都是瘀青，但痛不只是身體的痛，而是感覺你再怎麼努力也沒有用。」

蔡培慧坦言，大埔抗爭多年，內心幾度浮現出無力感，但一向正面的她很快便把無力感甩開。她跟自己說：「如果妳一直停留在那個無力感，事情就不會改變；有時就是會有做什麼都不對的感覺，可是你要是不做，就鐵定不對。」

蔡培慧相信，「什麼都不做就是現況，唯有做，才有改變的機會。」

因為有愛，什麼都不怕

面對政府施壓和地方勢力要脅，平時待人溫和的蔡培慧從來不見軟弱，甚至更加有魄力。「有人警告我說有黑道介入，但我不貪不取，怕什麼？我知道自己在做什麼，在官員面前，我就敢大聲！」蔡培慧毫不示弱。

但她也透露，每當抗爭沮喪的時候，她就藉著食物來平復心情，「我會去夜市買冰、買米粉湯、買鹹酥雞，」蔡培慧不好意思的說，當時她最愛吃麻油雞湯，配飯或麵線，「所以那時候的我，真的比較胖。」

台灣農村陣線發起「集體塗鴉挺大埔」活動，希望透過繪製巨型海報來傳遞守護家園的意念。

幸好，蔡培慧的胖，沒有白費。

由於農陣和各地反土地徵收團體多年的堅持，再加上抗爭居民的不屈不撓，二〇一三年被強行拆除的張藥房，終於在二〇一八年規劃原地重建，且在二〇二〇年順利完工，《土地徵收條例》也進行部分修法。

這棟座落在張藥房原址，建坪才二二．四九坪的小房，代表的不只是彭秀春一家人終於能夠回家，更象徵在土地正義的實現上，又往前進了一步。

回顧那數年的抗爭，蔡培慧說，那份熱血不只是對大埔的熱情，而是對農村的熱愛。「我對農村的熱情，是一種根深柢固的情感，與我生長在農村有關，」蔡培慧認為，她在農村長大，就有責任為農村出力，建立城鄉共好，做一點事。

就算這份愛，讓蔡培慧必須與強權、惡勢力為敵，她也在所不惜。

走近蔡培慧

一輩子的農村戰友

洪箱（社會運動者）：

我跟培慧認識於二〇〇九年，那時因為我們家要被徵收（註：苗栗後龍灣寶抗爭），社會上有許多來自四面八方的朋友協助我們抗爭，除了她，還有學界的廖本全及徐世榮教授。

培慧是農村陣線的成員之一，在灣寶抗爭之後，我們也一起參與大埔事件，多次結伴去凱道抗議，包含發起兩萬人的凱道大遊行，共同走過許多抗爭的歲月。一路看她從農陣時期、意外車禍，到後來走入政府，出任不分區立委，甚至競選分區立委，落選後選擇在地深耕，這些年來，我們培養出有如戰友般的革命情感，更親如姐妹。

培慧是台灣社會中很難得的人才，頭腦十分清晰，能清楚掌握事情重要性、快速判斷事情好壞，又能細膩的傾聽他人。我過世的先生不輕易稱讚人，但他卻十分敬重她。

農陣時期展現出領導及溝通能力

培慧出生在南投鄉下，由阿嬤帶大，對農村一直存有特殊情感。因為特別關注土地正義，不僅協助農村抗爭，結束抗爭後，灣寶幾次辦農村體驗活動，她也會帶媽媽、弟弟來參加，用行動支持農村。

之前每當記者來採訪抗爭時，培慧總會安排當地人受訪，讓我們很感謝。現場常有來自各地的土地抗爭自救會聲援我們，培慧也會讓每個自救會都有三、五分鐘的講話時間。當有人怯場時，包含培慧在內的農陣成員會鼓勵我們要把握機會，或稱讚我們講得很好，他們總是很尊重每個人的發言。

培慧除了具有領導力，個性豪邁又善於溝通，可以和協助抗爭的學生打成一片，有能力讓別人認同她的理念。這些特質從以前就很明顯，很多她做的事情也都不簡單。

之前培慧跟我聊過，因為協助九二一大地震重建的經歷，讓她看到社會的溫暖與醜陋面。儘管了解居民困境，但她那時可以給予的幫助有限；也因為這些經歷，讓培慧更想在有能力後幫助弱勢，用正向力量改變社會。培慧當時年紀輕輕，卻已經可以想到這些，可見是一位溫暖而有遠見思維的人。

培慧出車禍那天，我們一群夥伴約在苗栗竹南開會，討論土地徵收。開完會後，大家相約一起去麵館吃飯，培慧說跟別人談完事情再趕快過來，結果過了很久她都沒有出現。

後來我們收到她出車禍的消息，被送到苗栗頭份的為恭紀念醫院。一群人馬上趕過去醫院，培慧在急救的當下，等待區被我們擠得滿滿的，很多夥伴都因為擔心培慧狀況危急、撐不過這關，而哭得要死。

為恭醫院設備不足，醫師建議要趕快轉院，不然會有生命危險，於是培慧很快就被轉診到林口長庚醫院，眾人則留在苗栗等待消息。那時大家為了要全力救活她，也分工聯繫時任台大醫學院教授柯文哲、立委林淑芬等人，動用任何可動用的醫療資源與人脈。

車禍對蔡培慧的打擊很大，本來她是一個思考與講話都很快的人，講話的聲音也鏗鏘有力，車禍後有一點改變，有一陣子，她走路走一走，頭就會暈，講話也容易中斷。後來就比較少參與我們的活動了。

走入政府的掙扎

培慧一直把我當成自己人，被總統徵召為不分區立委時，曾來我家聊天，還抱著我一直哭，應該是她當時內心充滿掙扎、壓力很大。因為有些曾經一起抗爭的夥伴不太諒解她的選擇，覺得這樣的人才到公部門工作，對不公不義的土地議題來說是個損失，甚至有夥伴後來與她形同陌路。

我鼓勵培慧，不是每個人都適合當政治人物，每個人專長不同、適合吃的飯不同，不要在乎別人怎麼講，人各有志，想做什麼就做。要活得快樂健康，不要活在別人評價下。

培慧的能力很強，不論是在體制內或體制外，我相信她都可以做出不一樣的貢獻。另外，我們在抗爭中，也曾碰到有些人想獲得利益而出賣戰友，但培慧完全不會，儘管換了位置也是，這是非常可貴的特點。

我曾經跟兒子討論過，從體制外的抗爭固然是促動改革的推手，但從結構上修改落伍的法條也很重要，可能比抗爭來得更有效。蔡培慧進入體制，可以秉持照顧弱勢群體的理念推動改變，為何一定要站在街頭抗議才行？人活在世上才短短幾十年，若能有機會將所學發揮得更好，為何不去發揮？

維持本心做事，發揮更大價值

長期參與社會運動的人都很了解，除了體制外抗爭，體制內也需要有共同理念的夥伴，一起檢討、做事情，才能讓台灣社會慢慢成長。

民主不是一、兩天成形的，每位抗爭者也有自己的人生要過。抗爭既花錢又花時間，當初幫助我們的人都是自掏腰包，街頭抗爭畢竟不能當飯吃。

我認為蔡培慧進入體制內，只要維持著本心做事，勢必會發揮更大的價值與影響力。事實上，她當立委時，我也持續關注她推動的修法，像是農保法、育兒津貼等，這些改革都很重要，也都需要時間。

儘管培慧必須考量現在的身分，不能像以前當學者時公開且自由的發表想法，或直接出面為民眾站台，但我能理解，畢竟角色不同、「老闆」也不同，要互相體諒難處。我幾次碰到困難，私下請教她時，她仍是很誠懇的與我分享意見與想法，像是苗栗造橋的坤輿掩埋場抗爭，培慧也是提醒我，務必要優先保護居民的安全，再來想怎麼做。

經歷不同角色的轉變，從認識培慧至今十多年了，現在大家走向各自的目標，但過往一起努力打拚的成果、擁有的情誼不會消失。我始終覺得她很有理想，有自己對人生的一套看法，除了全力實踐，也總是可以掌控全局，是位十分優秀的人，更是可敬、值得學習的對象。身為跟她一起抗爭過的戰友，無論她在哪工作，我都很祝福她。（採訪整理／陳芛薇）

第五章

大難不死

一場意外將她撞進恍若夢遊的日子，

從生到死，再從死到生，

與苦難搏鬥時仍心繫社運，

盡力守護台灣的民主價值。

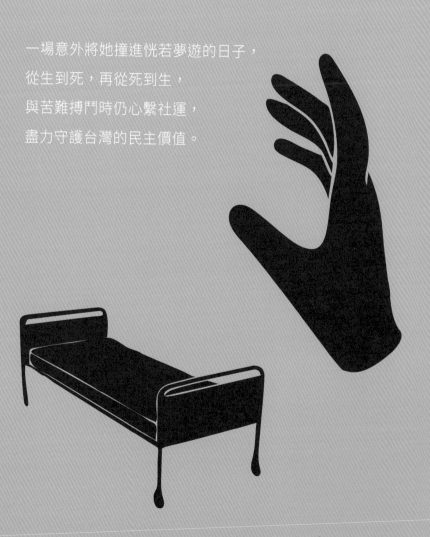

青白光線下，浮現一張瀕死的臉，七孔猙獰、瞳孔失神，眼白翻得似是要把眼珠子吞噬。「她毫無血色，整個臉已經扭曲了，」蔡孟訓想，那面貌不成人形，若鬼似妖，但再怎麼不堪入目，都是親姐姐；再可怖，只要心臟還有跳動就好。

救護車上，嗚笛聲蓋過身體痙攣的敲打聲，蔡孟訓看著姐姐口裡吐出的白沫，心亂如麻。他向天祈禱，無論誰都好，祈求過路菩薩能慈悲為懷，保佑姐姐度過難關。

人被送進急診室的那刻，蔡孟訓原來一片空白的腦袋裡，無端冒出許多形容詞：一命嗚呼、撒手人寰、英年早逝、魂歸西天……那些誇張而陌生的字眼，登時近在咫尺，接著「死」一個字蹦進思緒，來不及細究，又被人聲擀出：一張張病危通知書、手術同意書，占據他眼前的視線。

當晚，遭遇車禍的蔡培慧被緊急送入林口長庚醫院的開刀房。搶救警示燈在門外亮著，紅色燈光在夜裡照著收魂陰差半臉煞紅，就等在走廊上，催著討命。

因車禍而夢遊的日子

二〇一三年十一月三十日，蔡培慧受捍衛苗栗青年聯盟之邀，至竹南咖啡參加座談會，會後大家相約共進晚餐，她遲了一點才離開咖啡廳，迷迷糊糊走上反方向，繞一大圈才返回正道，正跨越馬路到半途時，被一輛快速行駛的小客車從右後方撞擊。

根據台灣農村陣線當日發出的聲明，蔡培慧頭骨骨折、顱內出血，出血狀況雖然不嚴重，但意識不明。

在台灣，昏迷指數滿分十五分，指數愈低，代表患者愈落入無意識的深淵。凡掉到八分以下便屬於重度昏迷，而當時的蔡培慧，正徘徊在分水嶺上，甚至一度滑落到三分，在鬼門關前敲門。

也許是命不該絕、陽壽未盡，又或者菩薩當真顯靈，將陰差請回，硬是令祂不得交差，隔日凌晨，經過一夜搶救，蔡培慧成功挺過手術，被安上腦壓監測器，送入加護病房觀察。

佛教術語有一說稱做「中陰身」，形容靈魂遠離肉身，還沒遁入輪迴的浮游過渡期。未完全康復的日子裡，蔡培慧彷彿出竅遊魂，能吃、能喝、能言，但記憶混濁不清，許多事得在她游至清醒岸後，才能從親人口中輾轉得知，如同「中陰身」一般。

蔡孟訓回憶，姐姐離開加護病房，安頓到單人病床後，儘管脫離險境，逐漸恢復意識，但狀況還是令人擔憂。一開始除了母親的樣子沒忘，誰也認不得，但就算叫不出名字，蔡培慧還是會向每個人露出尷尬不失禮貌的微笑；等到狀況稍為好轉，蔡培慧卻常常出現腦筋轉不過來的狀況，如：把二弟叫成三弟的名字，咖啡想成奶茶，原本要去台北，最後卻跑到桃園。

「她以為她自己講對了，但大家都知道她講錯了，」看在弟弟蔡孟訓眼裡，只有心疼。

蔡培慧的弟媳呂雅芬則說，神奇的是，初醒的蔡培慧連句子都說不完整，卻把工作全記得牢牢的，當時正逢她從助理教授即將升等，又計劃與同事去峇里島出差，蔡培慧千方百計要出院，好像自己不過是得了一場感冒。

呂雅芬回想，印象最深的是帶蔡培慧到醫院樓下的伯朗咖啡用餐，明明看她安安靜靜的坐在輪椅上，沒想她竟把雙手藏在病人服下拔管子，「血就開始噴，」呂雅芬說等到發現的時候，已是一灘血流成河，嚇壞了大家。

不改堅持本色

沒有人確定蔡培慧何時結束夢遊的日子，但蔡培慧說，真正醒來的那一天，是二〇一三年十二月十日的下午。當日，蔡培慧忽然睜開眼，從病床上彈起，環顧四周、用台語急切的問媽媽：「我們怎麼在醫院？」

剛回魂的蔡培慧甚至不記得自己發生車禍，那些夢遊的記憶通通刪得一乾二淨，猶如喝下一碗短效孟婆湯，只是頻頻發問：「我為什麼在這裡？」

待行動開始復原，蔡培慧連一刻都不願逗留，堅持自己上廁所、買咖啡、買麵，凡事都要自己來，忙壞了親友。她更聲稱已經沒事，非得即刻出院。蔡培慧回憶：「我不想承認（生病），我不想接受自己遭受了重大打擊的事實。」

「醫生不願意讓她出院，但她十分堅持，」蔡孟訓說，蔡培慧從小就是個性非常倔的人，決定要怎麼樣做，就堅持要那樣做，雖然對家人很溫柔，但對心裡設定的目標從不退縮。此時，就算受了傷，蔡培慧也還是維持這副脾氣——她要證明自己是獨立自主的人。

家人拗不過蔡培慧的硬脾氣，在十二月十六日為她辦理出院手續。當日距離蔡培慧腦部開刀，到鬼門關前走一遭、向陰差拒捕，相隔僅僅半個月。

有人或許會說蔡培慧這樣做很勇健，也可能讚嘆她恢復力驚人，但之後的過程大概只能用滑稽來形容。

蔡培慧勉強出院後，沒過幾天就在家裡暈眩昏倒，又被送到急診室急診，如此來來回回許多次，但她就是學不乖。呂雅芬則說，接下來的日子，蔡培慧像是重回小朋友的階段。

車禍之後的任性

從生到死，再從死到生，從無意識到有意識，受創後的蔡培慧彷彿也得花時間重新長大。她變得任性又孩子氣，蔡孟訓說：「她老是要求要吃大餐，要吃熱炒就一定要去吃熱炒、要吃火鍋就一定要去吃火鍋，要出門就一定要出門，不去就會鬧，就要自己去，沒有辦法溝通。」

「我們怎麼可能讓她自己去，」蔡孟訓苦笑，當時為了滿足姐姐的口欲，著實花了不少錢。

更好笑的是，蔡培慧窩在家裡休養，竟迷上電視購物頻道，而且次次下單都是大手筆，蔡孟訓說：「一次買抹布一百條、除濕棒一百支，還買昂貴的家電用品。」

「買一百條抹布是要用到什麼時候啦，」連蔡培慧現在自己回想，都感到大惑不解，甚至坦言，那上百條抹布到現在都還沒用完。但她當時就是停不下來吃、停不下來買，說不出原因，最終只能歸諸於她「從心理上抗拒自己是病人」。

或許那些令人啞然失笑的行為，正體現了蔡培慧潛意識裡求生的意志：吃是為了活下去，無窮無盡的購物欲則象徵對未來的期待——那個尚未來到、足以用一百條抹布擦拭的未來。

俗話說，大難不死，必有後福。是真是假，難有定論，但更深層的意思可能是，倖存之人要對生死有更透徹的領悟。透過這次意外，蔡培慧是否當真對生命有更深一層的認識？她想了很久，才給出一個俗氣的答案：「生死有命，富貴在天。」

苦難，是天使聚集的地方

瀕死的現實是必須扛下許多包袱，重生也絕非一蹴而就。蔡培慧說，當她恢復元氣後，第一次到警局做筆錄，觀看車禍現場的監視畫面，她是痛哭到難以自己。車禍後多年，她仍活在恐懼當中，看到車子靠得太近，便會本能似的躲到親人身後。

「有兩、三年的時間，她還是會說錯話，自己卻不知道，」蔡孟訓說。若說有什麼好處，唯獨蔡培慧在車禍之後變得易哭、易傷感，凡談及家人，談到南投老家，談到想幫助但還沒能力幫助的人，她就眼眶泛紅，也更願意敞開心胸，打破不少處女座天生的偶像包袱。

其實，苦難未必能教會人什麼，也不一定能證明什麼。硬說它有用，大概只能幫忙佐證一個人是否被愛，而事實證明：蔡培慧是受人愛戴的。

在蔡培慧意識不清時，是家人和農陣的戰友圍繞在她身邊，是謝志誠老師帶著昔日留影趕至病床前，希望能召喚她的記憶；是徐世榮老師在耶誕節辦耶誕老人，在病房裡逗她微笑；是大弟蔡孟訓在身旁不辭辛勞的照護，陪她走這趟康復之路。

苦難，很苦，卻是天使聚集的地方。

回憶那段不幸中的大幸，蔡孟訓被問及有沒有藏在心底想與姐姐說的話，他憨憨的說，姐弟間相互照應，實在容不下矯情的語言。

但蔡孟訓想起年輕時，姐弟倆同住在新莊的家，有一次蔡培慧騎機車出門打工，卻是坐計程車回來，原來她晚間行經大漢溪環快道路時，出了車禍，只得一個人負傷返家。當時他心疼極了，總想著自己為什麼沒能陪姐姐回家。

陪伴姐姐走過此番大劫，也算是了卻弟弟心中一個小小的心願。

二〇一四年，蛇年跨入馬年。新的一年，蔡培慧的身體雖然已無大礙，接下來卻得面對辛苦的復健人生。

車禍後的蔡培慧暫時脫離社運主戰場，開始每週固定到林口長庚醫院復健。然而，三月中旬的一通電話，又硬是把她拉出醫院、拉上了台北。

重返社運主戰場

蔡培慧說，當時她接到陳吉仲（現任農委會主委）的來電，告知她大家準備在立法院前靜坐，希望她能到場聲援，同時一起共商策略。

儘管身體狀況不佳，走路走太久甚至會暈眩，根本不適合到抗爭現場，但是蔡培慧沒有推辭。蔡培慧知道，她必須要與大家並肩作戰。

三月十七日，立法院內政委員會召委、國民黨立委張慶忠排定於委員會審查備受爭議的《海峽兩岸服務貿易協議》（簡稱服貿協議）。

由於朝野黨團始終未能達成共識，雙方於審查中，為爭奪主席台，數度爆發衝突。混亂中，張慶忠悄悄躲到議室後方，用無線電麥克風宣布開會，火速宣告《服貿協議》已交付立院審查逾三個月，依法視為已審查，將送院會存查，並宣布散會。

從宣布開會到散會，前後僅三十秒，讓張慶忠被大家戲稱是「半分忠」。而執政黨未能履行協商承諾，讓《服貿協議》能在立法院逐條審查，瞬間引爆眾怒。

當日，包括民主陣線、台灣勞工陣線、台灣農村陣線、台灣人權促進會等五十餘個NGO團體立即舉行記者會，發表〈反對服貿粗暴闖關 搶救人民生存權益 捍衛民主120小時行動聲明〉，預計歷時一百二十小時的抗議行動隨即展開。

不過，民間團體對於政府粗暴手段的憤怒，絕非一場晚會便能平息。同時間，另一場驚天動地的抗爭正在醞釀。

在NGO團體發表聯合聲明之後，黃國昌、蔡培慧、周馥儀和林飛帆等人，在立法院現場找了一些熟悉的社運戰友開會，尋思要如何做出與以往不同的抗爭，讓政府正視民間的不滿。

當下，蔡培慧就建議抗爭不能只是靜坐，要使用不同的方法。社運團體之間也達成共識，決定朝更激進的方向討論，並計劃在次日午後擬定具體策略。「攻占立法院」的目標從此有了雛形。

在民主的里程碑上不曾缺席

這並非眾人第一次提出「占領」的抗爭發想，在此之前，「黑色島國青年陣線」就曾於雙十節籌劃攻占景福門，卻疑似因為情資外洩而作罷。這一次，大家更有警覺，行動策劃因此保密到家，沒有外人知曉。

三月十八日傍晚，嗆聲晚會於六點開始，到了九點，已有三、四百人聚在立法院群賢樓前。

此時，守在立法院各門戶的社運團體依約展開衝撞，濟南路先有學生衝破維安警力警戒線，直奔議場前的廣場；幾乎同一時間，位於青島東路、自願衝鋒的五十名學生也翻過圍牆，直搗議場。

蔡培慧說，他們哪有那麼神，可以預知當晚議場的門沒有鎖？他們原來計劃在立法院內抵抗警察，最後可能退到位於青島東路的天橋繼續抗議，沒想到誤打誤撞，直接衝進國會議場。

十八日晚上，各路抗議學生如潮水般湧入議場，在漆黑裡摸索燈光的過程中，有人開始高喊「全面占領主席台，重啟談判」「今天過服貿，明天拆政府」等口號，為野百合後的新一代學運敲響號角。

「那不是一、兩個人的犧牲奉獻，而是所有人匯集起來的成果，」蔡培慧說：「我在學運中感受到的是大家全體出動，群體力量的百花齊放。」

三月十九日，抗爭學生成功守住警方攻堅之後，外界支援開始陸續送

蔡培慧（左四）車禍在家休養時，時任民進黨主席蔡英文（右三）特來探望，讓蔡家十分感動。

蔡孟訓（左）的兩個女兒和蔡培慧（右）感情很好，時常跟著參與社運。太陽花學運時，她們也在抗議前線幫忙發傳單。

達，其中也包括幾束向日葵，成了媒體報導的焦點，順勢將運動命名為「太陽花學運」。

不同力量的凝聚

蔡培慧回憶，剛開始她主要負責調度的是議場內的設備與各地物資，農陣則在場外負責警戒維安。

對於學運，她印象最深刻的不是衝突的過程，是凱道晚會當天，她與同伴一路從中山北路走到景福門，再從仁愛路走到杭州南路，就為了確保醫療急救的通道暢通。

她說，那樣的路途雖然對她的身體負擔很大，路走到一半，還得在台大醫院稍做休息才能繼續前進，但看到前來聲援的群眾自動自發，不管是用布條，還是大家手拉手把通道空出來，她就異常的感動。「這就是自主的力量！」

蔡培慧說，太陽花學運絕對不是三月十八日那天才發生的，而是許多不同力量的凝聚。而在過程中，她發現台灣的民主已發展到有厚度；每個人自主來到現場，盡一份力量，竭盡所能讓台灣的困局被世界看見。她忽然意識到，民主不只是選舉而已，民主是集體意志的展現。太陽花學運就是台灣人民意志的展現。

四月十日，抗爭學生走出議場正門，正式結束五百八十五個小時的占領。很多人知道蔡培慧曾參與太陽花學運，但不知道她是抱病參加，不知道在面對各方壓力之際，她還要與病痛搏鬥。

蔡孟訓回憶，當時看姐姐在政論節目上為學運與群口爭辯，有時因為車禍新傷，腦筋一時之間轉不過來，偶爾發生口誤卻不自知，心裡就為她急，為她感到委屈。

不過，蔡培慧說，她很慶幸在台灣民主的里程碑上，自己沒有缺席。

走近蔡培慧

讓台灣農村重新被看見

鍾怡婷（中央研究院社會學研究所博士後研究員）：

我和培慧認識於二〇〇四年南投縣名間鄉的農村調查工作坊，當時我是學員，而培慧是組織工作坊的工作人員，那時她正就讀台大農業推廣所博士班。她常跟我們分享，唯有更多人投入學習鄉村社會學，才有機會實踐對農村的關心，讓台灣農村被更多人認識與了解。我也是在她大力鼓勵下，才決定報考農推所博士班，走上鄉村社會學研究這條路。

我們有許多觀念及對人的判斷十分相近，例如，念博士班皆不是為了個人職涯發展，而是希望透過學術訓練，了解農村場域的發展脈絡及結構性問題，進而找出未來台灣農業的方向。

台灣農業具有其自身動力與活力，足以因應結構的力量，不一定要走悲情路線，也不一定是弱勢，或非得由政府照顧才能生存。在大眾都看衰農業的社會氛圍下，我們主張應該以不同觀點看待，這是我跟培慧在學術這條路上滿相似的價值關懷。

創立台灣農村陣線

二〇〇九年，培慧博班畢業。在二〇〇八年年底，吳音寧發了一封標題為「農村出代誌」的電子郵件，給所有她認識的人，說明政府將要通過《農村再生條例》，其中將放寬土地限制，極力呼籲大家關注。我們認為若條例通過，將有更多農村土地可能會被隨意轉換成非農業使用，大幅影響農業根本，因此我們一群人立即組織起來，倡議修改條例中與土地相關的章節。

這個組織後來以台灣農村陣線為名。我們到各農村辦說明會，說明什麼是《農村再生條例》，呼籲更多人關心。

記得有一次，我跟她去找社區大學全國促進會祕書長楊志彬，討論暑假時是不是該辦個活動，吸引更多人關心《農村再生條例》。於是，二〇〇九年夏天，我們在美濃舉辦第一屆的「夏耘」農村調查工作坊，成功集結並帶動各地關心農村發展的人，後來許多農陣重要幹部都是夏耘的第一屆學員。

成功舉辦夏耘工作坊後，我們發現學生力量很重要，因此培慧在台大成立讀書會，有許多成員後來也成為夏耘工作坊的籌辦人。工作坊、讀書會都成為凝聚社運夥伴的重要平台。

接下來幾年，台灣陸續發生反國光石化、反中科四期等爭奪農村土地的開發案，也爆發數場北部科學園區徵地的抗爭。其中最著名的就是苗栗大埔事件，這也是在外界眼中，農陣跟大埔案兩者緊密相連的原因。

培慧動員力強，因為有立院助理、九二一震災重建基金會執行祕書的工作經驗，幫助她更貼近地方，知道如何組織人跟資源。加上個人魅力，成功號召許多年輕人一同參與社運。

同時，身為社運領袖的她也親力親為。舉辦夏耘工作坊時，當廁所髒了、衛生紙沒了，她會立刻去打掃與採買，把別人最不想做的事拿來做，而不是指揮別人去做，這是她很重要的特質。

將農村學術研究帶進立法院

參與社會運動的同時，培慧進入世新大學社會發展研究所擔任助理教授，一方面希望繼續做學術研究，另一方面也持續社會參與的理想。

也是在這個時期，財團法人婦女權益促進發展基金會邀請培慧合作研究計畫，希望推動鄉村地區的性別平等議題。接下計畫主持人的她，找我一同參與。

我們首先訪問台灣各地的農村女性，在不同作物別的農務勞動中所扮演的角色。發現男性與女性在農務勞動的時長差不多，但女性的家務時間比男性多上許多，留給自己的個人時間很少。因此，我們認為要提倡男性也多從事家務，並對農村女性所擔負的工作重新賦予價值。我們藉由培育師資、舉辦系列工作坊、出版書籍等方式，將性平觀念引入農村，期望減緩男尊女卑、重男輕女的農村現況。

而這些研究與行動經驗，也幫助培慧擔任立委時，擬定《農業基本法》與《食農教育法》草案。

事實上，培慧剛接任立委時，最期望推動《農業基本法》，可惜的是，這部法令牽涉面向廣泛，不易推動，至今仍擱置在立院中。但培慧不放棄，轉而推動《食農教育法》，如今已經三讀通過，這部法令可說是她立委任內非常關鍵的重要政績。

台灣農村一直被視為沒有希望，培慧和我過去的努力，都是期待農村價值被看見。雖然近年來農村角色有逐漸被凸顯，仍有一些長久未被認真看待的結構性問題，需要運用政策、法令或政府的資源、工具來進一步解決，這是培慧一直在努力的方向。

蔡英文總統徵召培慧出任民進黨不分區立委時，她非常掙扎，因為政治是條不歸路，一旦走上，未來很難再回到學術界工作。

許多農陣或社運的夥伴，也不支持她進入體制，認為若與特定政黨太接近，等同被收編，社會運動工作也會因此瓦解。培慧是農陣組織中的關鍵領導人物，在接受徵召、加入民進黨後，農陣再也不能發揮過往力量，形同解散，培慧更被指責背叛了過往一起抗爭的社運夥伴。

不過我認為，社運組織本來就會隨時空因素集結或消散。多年來，我和培慧都抱持著讓台灣農業被看見並走向更好發展的初心，並非為了一己之私，或者期待占據什麼位置而努力。因此，我理解她接受徵召的考慮，是出自想藉此結構改革，推動農業與農村工作。因此我告訴她，我會支持她。

接受徵召的關鍵

事實上，培慧是一位十分堅持理念的人，要被外界或體制改變並不容易。只要初衷不變，不用擔心被環境影響。以長遠推動的目標來看，進入體制，的確是當下能夠做的最好決定，畢竟我們都相信現有體制是可以被改變的，只要播下好的種子，一定可以改變一些事、發揮影響力，甚至動搖結構。

二〇一三年年底，培慧遭遇那場嚴重車禍，或許是她決定接受徵召的關鍵，認為老天爺讓她撿回這條命，可能是某種啟示，因此覺得自己必須要做更多對第一線農民有意義的事。

對我來說，培慧放棄學術工作滿可惜的，因為她在研究上具有前瞻思維，也擁有話語權與學術資源，從政後只能放棄，我只能期待她可以繼續參與學術社群，不要脫離太遠，畢竟她在農村研究領域還是有一定的重要性。

車禍之後的培慧，雖然奇蹟式好轉，但仍然沒有辦法百分之百恢復到車禍前的樣子。譬如書寫能力沒有以前好，邏輯也沒有以前通順，需要旁人幫忙潤稿。有一陣子她寫字筆劃都不對，花了很長時間復健及練習，才逐漸好轉。此外，她的記憶力也受到影響。對於培慧這樣一位完美主義者，多少會對於無法回復到過去的狀態，而深感挫折。

培慧現在也比較多愁善感，容易掉眼淚。車禍前的她很理性，在舞台上慷慨激昂的演講，常感動台下聽眾，但現在反而是自己很容易被觸動，尤其是她十分在意的議題。

車禍雖然影響她的身體健康，但培慧從不曾埋怨肇事者。她認為對方並非故意，反而責怪自己當時穿了深色衣服，讓對方沒注意到她。

二〇一四年，太陽花學運發生時，培慧仍沒有完全康復，走起路來還是會頭暈，大半時間待在桃園家休養，但她還是心繫學運，想去現場，因此每次要來台北時就騙她媽媽，說只是要來找我，但其實是我陪著她去學運現場。

很喜歡照顧人的媽祖婆

因為是學者，培慧常以學術觀點看事情，加上在街頭運動的經驗，使得她看起來比較強悍。當了立委之後，她更貼近在地，除了結構問題，更看到結構中的「人」，對外變得比較柔軟，這是擔任立委後帶給她的改變。

培慧的爸爸很早離開她，是她心中的遺憾，可能也因為如此，她會把日常接觸到的老人家都視為家人。因為重視家人，儘管忙碌，培慧週末也會盡量抽空到桃園，跟媽媽一起共進晚餐，隔天再趕回中部。

她喜歡照顧人，除了將家人擺在優先位置，對朋友也十分慷慨與照顧，很容易答應別人請託，所以她有一個「媽祖婆」的稱號。

在培慧的朋友中，我是以理解的方式與她相處，試圖解讀她現在的行動，是源自背後那個更長遠的目標。與其說是夥伴、朋友，我跟她比較像閨密，默默支持她並偶爾接住她情緒的那個人。

認識她快二十年，我眼中的培慧很容易便能從挫折狀態走出來，認為一次沒達成目標沒關係，未來可以繼續努力。她的個性擇善固執，要做的事情一定會去做到，這也是我最欣賞她的一點。（採訪整理／陳芛薇）

第六章

到能做事的地方

為了突破當前的結構枷鎖，
她決定從體制外進入體制內，
只要能為「農」做一件事，
各種施力位置都願意嘗試。

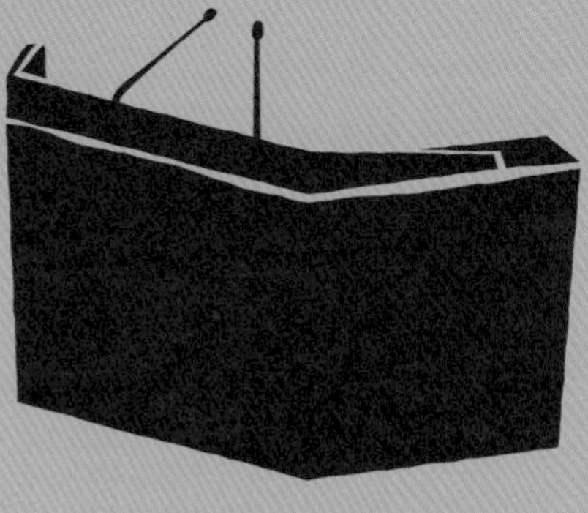

踏出機門，迎面而來一股潮濕，是家的味道。陳怡君剛結束澳洲的打工度假，返抵國門，還沒來得及與家人團圓敘舊，便要迎接前所未有的挑戰。

二〇一六年二月一日，立法院開議，初當選的立法委員簽名報到，台灣政治史上首度民進黨立委席次過半的新國會正式上路。此刻，蔡培慧再也不是街頭抗爭的社運領袖，而是貨真價實的民意代表。

國會新鮮人

於農陣時期就與蔡培慧共事的陳怡君，當她得知蔡培慧決定走入國會時，便立刻寫了信，說如果有需要，她情義相挺，願意到國會一同奮鬥。

「那時候我就是瞎挺蔡培慧的狀態，」陳怡君回憶，自己二月二日才下飛機，隔日就進蔡培慧的國會辦公室報到。

剛要起步的辦公室尚未被成千上萬的文件團團包圍，仍顯得空蕩，不過蔡培慧的國會團隊早已忙得不可開交。

二〇一五年十月，因我國漁船違規，遭歐盟祭出「黃牌」警告，要求在六個月內改善，否則要將台灣列入「紅牌」黑名單、施以經濟制裁，到時恐嚴重打擊台灣遠洋漁業。蔡培慧辦公室此時已在積極備戰，欲做出改變。

陳怡君回憶當時景況說，蔡培慧早在正式上任前就開始接觸、熟悉國會工作。「我剛進辦公室的時候，有同事已經開始草擬《遠洋漁業法》草案。那是當時農委會迫切要面對的國際問題。」

她說，蔡培慧和同事們原本擅長街頭新聞稿、陳抗懶人包，現在則要開始讀法規、進一步提案修法，身分的轉變幾乎沒有空窗期。

而陳怡君新兵入伍，同樣從那天起，開始遊走於記者會、公聽會和委員會的國會助理人生；每日要接收陌生的新詞彙，包括一讀、二讀、三讀，附議、復議、覆議，還要努力看懂各式法條條文，並學習與政府部門溝通。

當時加入蔡培慧團隊的，很多都是年輕的政治新人，幾乎完全沒有接觸過政治，不但連立法院委員會和院會都分不清楚，甚至有時連國會和行政院的職權都感到陌生。「大家都是從頭開始學習，」陳怡君說。

她記得，當時辦公室位在立法院中興大樓的地下室，正等著大整修。辦公室起初是酒紅色，帶有一絲沉重感，蔡培慧希望大家可以在明亮清爽的空間辦公，於是花了好些時間重新裝潢。

陳怡君回憶：「那一個月，大家穿梭在立法院研究大樓的會議室辦公，或是去隔壁辦公室借用傳真機接收各種黨團會議通知，《遠洋漁業法》也是在這樣的遊牧狀態，逐漸完成修法草案。」

從體制外到體制內

二〇一五年十一月十一日，民進黨中執會對外宣布不分區立委名單，名單上赫見蔡培慧的名字，而且被納入第五位的安全名單，幾乎是篤定當選，引發媒體關注。從社會運動跨足政治，大家都很好奇蔡培慧在想什麼，何以有這樣的轉折？

蔡培慧回憶，約莫是二〇一五年的三月底，當時正要競選下一任總統的蔡英文來找她，當面詢問她是否願意擔任民進黨不分區立委。蔡培慧不假思索的回答，「不應該來找我吧，你們是不是找錯人？」

蔡培慧說，她當時很清楚自己的定位，就是一名「搞社會運動的」，有明確的訴求，每日沉浸在街頭、組織工作、社會宣傳，以及立法遊說，壓根沒想過要投入政治，更別提要成為一位民意代表。

收到蔡培慧直白的拒絕，蔡英文嘴上沒有說什麼，但並沒有放棄，後來又陸續跟她見了幾次面，希望蔡培慧能和她一起推動農業改革。

「妳想做，我們一起來做，」蔡英文用堅定而誠懇的語氣邀請她。

從蔡英文多次會面蔡培慧，對她三顧茅廬，足見蔡英文對她的重視。蔡英文後來還在 Facebook 上公開推薦蔡培慧，表示蔡培慧為了農民、農村、農地與農業投注了全部的生命力。

老實說，對於蔡英文的誠心，蔡培慧是非常感動的，但是否要為此毅然決然投入政治工作，蔡培慧仍舊舉棋不定。畢竟從體制外踏入體制內，從來不是一件容易的事。

然而，那一年回鄉過中秋節，她意外獲得很大的衝擊和感觸，進而冒出轉念的想法。

為「農」做事

二〇一五年中秋節，小學同學愛情長跑終於開花結果，許多同學都受邀返鄉參加婚禮，宛如一場久違的同學會，蔡培慧自然也沒有缺席。

在婚禮上，她不禁納悶，同學與對象交往多年，何苦等到今天才結為連理？細問之下，才知道女方父親一直擔心男方是農村出身，女兒若委身下嫁，恐怕要吃苦，始終不肯答允婚事。

「做農耶，人看無啦（沒出息）……相意愛無效啦（彼此喜歡也沒用），父母不放心啦」，長輩直到女兒懷有身孕，才不得不點頭。兩人可說是奉子成婚。

弔詭的是，蔡培慧的同學雖是農村子弟，其實早已在外工作多時，「但大家還是會認為你是農村的小孩，務農很辛苦，生活很辛苦。」

而適逢中秋，不少親戚也返家同慶。蔡培慧見到自己的堂哥長期在北部工作，擔任工地工頭，雖然母親已經七老八十，需要孩子的陪伴與照顧，但堂哥卻不敢辭職回家伺候老母，無非是怕「要是回來找不到工作怎麼辦？」

蔡培慧像是從同學和堂哥的身上，看到了農村的汙名和資源匱乏。

後來當她回顧這一段遭遇，她感性的說，「我彷彿又看見遠方三合院土牆，在九二一震災中碎裂一地、隨著卡車被載離老家的情景。」

蔡培慧回想起過去她在農村的所見所聞，想起農會時張時弛的動態，想起二、三十年來斷層化的農業投入，想起產銷結構在果菜市場行口商販背後的結構運作，想起政府預算以負面補貼限制農耕，想起環境科學、農機科技如何協助農民的技術轉移，想起在大埔事件占領內政部之際，主張「把國家還給人民」的視角。

過去十幾年來在各地所見的情景，一一浮現在腦海。忽然有股聲音在蔡培慧的腦袋中迴盪：「我做農陣，也做政策推動。如果有一個機會讓我進去立法院，我還要拒絕嗎？」

站在人生的十字路口上，蔡培慧想來想去，終於做出了改變她一生的決定：進入立法院。

蔡培慧說：「我想突破當前的結構枷鎖，為農民、農村、農業、農地腳踏實地認真做事。為了完成這個夢想，我願意用盡一切方式，組織於我如是，街頭於我如是、學院於我如是，若有機會走入國會，於我亦如是。」

她說，各種實踐方式對於社會的貢獻，都該被等量齊觀，只要能為

「農」做一件事，她願意嘗試各種施力位置，只為親手重砌被毀壞的土牆。

蔡培慧相信，人不管到哪裡都能進行社會改革，社會運動可以、組織工會可以，當政治人物當然也可以。那是她對自己的期許。

不錯過任何行政部門的盲點

二〇一六年一月十六日，民進黨籍候選人蔡英文、陳建仁以六百八十九萬四千七百四十四票當選中華民國第十四任總統、副總統。

而民進黨不僅贏得總統大選，在立委選舉也大獲全勝，一百一十三席立委席次中，贏得六十八席立委席次，成功取得國會過半；民進黨不分區立委名單提名三十四人，共有十八人當選不分區立委，於名單中排名第五的蔡培慧確定當選。

於是，蔡培慧從一名毫無背景的偏鄉農村小孩，北上到大城市打拚，一路讀書讀到博士，最後進入國會殿堂，成為眾望所歸的民意代表。

蔡培慧說，她最不習慣就是走進院會的時候，每回有人遇到她，打招呼說：「委員好！」都會令她當場愣住一秒，才回過神來點頭回應。「這對我來說有點好笑。」

不過，或許對立法委員的新身分仍感到生澀，蔡培慧二月一日就職後，每天都過得戰戰兢兢。

「那幾個星期，我每天都在看報告，七、八點就到辦公室，」手上的資料，蔡培慧抓緊時間一讀再讀，不願意錯過任何一個行政部門的盲點，對她來說，立委就是找到問題的核心，追著行政部門解決問題。

而立法院開議，馬上就要展開總質詢，蔡培慧像是初登板的投手，內心緊張萬分。她一方面怕自己沒做足基本功，拋出的問題被行政部門輕易閃躲；另一方面，她也害怕車禍的隱疾，讓她沒辦法把話說好。

但是，既然進了廚房就不能怕熱，蔡培慧不斷叮嚀自己，絕對要記得追問，要問出個所以然，不能讓官員敷衍了事。

把問題追到底

蔡培慧知道，過去從事街頭運動，大多只要點出問題就好，雖然也會提供可能的解方，可是做不做，端看行政部門的決心；現在既然可以溝通、監督，就要堅持他們改變，如果行政官員敢把問題束之高閣，就要追到底！

蔡培慧要求看到執行力，「不能我在立法院總質詢，你講你的，我講我的。這樣大家又從零開始。」更何況，此次總質詢的題目，攸關大埔張藥房的土地返還。

二〇一六年二月十九日，蔡培慧是最後一棒質詢。下午時分，蔡培慧頭一次，不是以抗爭者的身分現身，而是一位中華民國的民意代表，堂堂正正的登上議場質詢台。

質詢開始，蔡培慧立即直球對決，要求時任行政院院長張善政應依二〇一四年法院徵收違法的判決返還大埔農民土地。然而，一旁救駕的內政部部長陳威仁則態度堅決，強調張藥房原址是都市計畫中的道路用地，且發還土地是需地機關苗栗縣政府要負責。

鍥而不捨，犀利質詢

對於陳威仁不甘示弱的回答，蔡培慧不能接受，不但懷疑陳威仁自內政部被判徵收違法後沒有積極協調，還犀利質問，「你是站在財團立場還是開發立場？」

蔡培慧接著批評內政部的土地徵收過程不夠公開透明，許多被徵收的百姓都不知道自己的土地要被徵收，要等到結果確定才會收到一封雙掛號信，做為告知。

蔡培慧並當場要求張善政承諾確切時間，讓所有土地徵收案都辦聽證會、且土徵小組審查時要開放旁聽及記者採訪。

面對蔡培慧的要求，陳威仁僅說「我們要再研究」，似有意瞞混過關。蔡培慧可不樂意，隨即打斷他，問：「一個月好嗎？兩個月好嗎？給我一個時間。」

陳威仁被一連串的逼問，還是吐不出時程，連說：「我現在承諾你沒有用。」蔡培慧於是轉向張善政，要求行政院給一個確切的時程，最後陳威仁終於承諾會在一個月內著手討論審議程序開放民眾參與。

「我知道不可能在三十分鐘內解決問題，所以我想的是一定要建立跟部會具體溝通的方式，」她說。

蔡培慧認為，土地徵收審議有很多層次，除了要有更完善的辦法，她也要追問張藥房的土地返還問題。不過要在短時間看到成果，當下看起來可以處理的是公開透明的土地徵收審議小組，「所以一定要逼出時間來！」

蔡培慧初次登台，不卑不亢，贏得不少人的肯定，她那鍥而不捨、緊抓官員回答的態度，展現出十足戰力，連蔡英文總統都在 Facebook 上稱讚她：「理性、堅定、認真，就是她的風格……（蔡培慧）證明了改革的理想，是可以在政治上被實踐的。」

讓務農成為可持續性的行業

然而，蔡培慧不因此而自滿，她的自我要求遠大於此。她決定走進國會，不僅僅是要展現她的犀利問政，更是要創造改變的可能、建構更美好的農村。

蔡培慧心中的願景，是要打造一個讓農民可以好好生活的農村體系，「大目標就是要讓務農成為一個可持續性的行業。」

蔡培慧將目標分為三面，一是在個人方面，讓農民工作一輩子後領得到退休金，假使不幸在工作時受到傷害，也有職災保險的保障；二是解決供水與土地的問題，讓農民不再為此煩惱；最後，她希望能建立人與農業的關係，讓農業走進國家的教育，理解土地到餐桌的聯繫，讓一般消費者對農產品有更深的認識。

這一切，都要從國家的法制下手，提出修法、立法。蔡培慧也在她的四年立委生涯中，陸續搬出《農業基本法》、《食農教育法》、《有機農業促進法》、《農村再生條例》，以及《農民健康保險條例》等。

雖然經過國會的協商、折衝，不是每一條法案都能順利聽到議長敲槌，在立法院院會三讀通過，但蔡培慧沒有忘記她選擇擔任立委的初衷，也從來沒有停止相信務農是一項專業，「那是一個銘刻在身體裡的記憶。」

蔡培慧期盼的是傳承、是永續，是繼續看到農人在這片土地上世世代代的耕作。

走近蔡培慧

許孝慈（資深國會助理）：

在國會殿堂落實理念

我跟培慧都經歷過解嚴、政治運動和社會運動的洗禮，也都曾經在街頭遊行提出訴求、爭取權益，可以說是志同道合的朋友，很開心她能進來立法院，繼續一起打拚。

在立法院服務二十四年，我看過不少立委，覺得培慧真的是一位認真、苦幹實幹型的立委。進來立法院以後，她經常在學習，不會因為身分而放不下身段。

在民進黨團辦公室，我主要負責經濟委員會事務，過去在農業議題上，經常有機會和培慧合作。成為立委之前，培慧是學者、農運人士，和陳吉仲一樣，經常是我們農業議題公聽會邀請的學者專家，常來立法院開會或旁聽，我們就是從那個時候認識的。

體制外，展現溝通協調能力

記得有一次經濟委員會的專案報告，談到寒害補助，培慧提出代耕業者雖然不是土地所有人，但實際上也從事農業，也算是寒害受害者，希望政府能給予代耕戶直接補助。我將她的意見變成臨時提案，建議政府該怎麼做。

在會議現場，農委會自然有其專業考量，雙方意見需要折衝，我也經常詢問培慧的意見。當時她雖然是外部人士，卻也能接受我們的想法，了解訴求不見得可以百分之百達到，因為現實狀況不允許，必須要在有限資源中，替受害者爭取到適當的補助。

之後，培慧接受了農委會設定的補助條件，臨時提案也順利通過。自那一年起，政府在天然災害損失補助上，開始將代耕業者考量進去。我想在那次經驗中，培慧展現了她溝通協調的能力，也或多或少影響她進入立法院之後的工作。

不分區立委的職責，除了以自身專業背景審法案之外，最重要就是幫忙行政院版法案過關。當時，民進黨行政、立法兩軍互相支援，陳吉仲和培慧背景相似，想法與步調都容易協同。

當時，他們特別關注的是「新農業」議題，也就是如何幫助台灣農業跳脫傳統模式，得以永續發展，具體策略包括：青年返鄉、發展農產加工、有機農業，立法背後可以感受到兩人努力的身影，他們一步步落實過去在學術界主張的策略，雖然不可能一蹴可幾，但如今青農返鄉已經蔚為風潮，台灣農業也不再隨著老農民退休凋零消失，反而開出更多亮麗的花朵。

體制內，展現論述與撰寫法案能力

《食農教育法》就是一個最明顯的例子。當初為了起草法案，培慧徵詢農委會、教育部的意見，蒐集並彙整各部會看法。雖然任內沒辦法通過，但是蔡培慧把這個觀念帶進立法院，並提出草案，在下一屆會期開花結果。

培慧的人格特質，就是包容性大，願意看見別人的優點，進而虛心學習。進入立法院之後，需要一些背景知識及議事技巧，她會請教資深委員，也會跟助理們共同討論。這種學習性格，和蔡培慧的學術背景及農陣時期實際下鄉走訪有關，她不是一個踩在雲端上飄來飄去的政策推動者，而是接地氣，知道人民需要什麼的立委。

譬如，她曾經擔任經濟委員會委員，我鼓勵她如果臨時需要有代理人主持會議的話，不要怕，直接上去主持。培慧主動代理過幾次，學習協調意見、掌握議事規則等複雜技巧，漸漸的，她也可以跟資深立委一樣，從容不迫的主持法案審查會議。

另一個案例，就是起草法案。蔡培慧在農運學界已經具備論述能力，但如何透過討論溝通，進而修正出各界都能接受並同意的法案，這是進入立法院之後才能學會的實務操作。蔡培慧是一位有能力親自書寫法案的立法者，我想這大概是九五％以上的委員都無法做到的程度。

尤其是制定新法律，要注意理想和執行之間的差距。培慧能依照農業現行及可預見未來的需求，提出一部能往前走的法案，並且保有進步觀念，不至於激進到無法落實，十分難得。

起草法案時，培慧會來問我或請教助理，不會一意孤行。她在立法院有四年的經驗，卻完全沒有架子、不自視甚高，這很不容易。我看過許多立委，才進立法院一年就擺架子，不肯認真學習，只會看報紙問政，或者憑藉著過去的專業，不好好認真坐在立法院審案子，跟他們比較起來，培慧可說是一股清流。

面對國際壓力不卑不亢

我記得她進入立法院之後，有一次我告訴她：「培慧妳個性太單純。」我借她兩個東西，一個是《教父》（*The Godfather*）電影一到三集，希望她有時間可以好好看一看。另外，我借她一套《聖堂教父》的漫畫。我說：「政治，不像在學界或是社會運動界，那麼純粹、有理想性，你會看到不想看到的東西，但你得面對它。」

《遠洋漁業三法》是她進來面對的第一大難關。如何處理歐盟如此強大的國際勢力，是蔡培慧上任之前就必須面對的挑戰，即便尚未就職，卻得常常旁聽公聽會，對她來說應該是很難得的經驗。

當時，來自歐盟本部、駐台的歐盟官員非常強勢，草案一個字都不能改。同一時間，針對我國漁業黃牌已經祭出，紅牌隨時發動，若是紅牌落下，影響最大的是對歐貿易，損失金額十分驚人。

身為農業專長立委，蔡培慧必須在那樣的國際情勢與壓力下，堅持守住台灣利益、酌修法條，讓法案可以順利三讀，這件事並不容易。

當時的修法方向，政府跟歐盟的認知是分成三級罰鍰，採重罰處置。但是，不可能在修法通過後，所有違規行為便馬上消失，台灣又有許多超小型漁船，負擔不起罰鍰。

因此，培慧那時候提了一個動議，增加一個往下修正罰鍰的級距，讓小漁戶也能在符合台灣實際狀況下遵守法律。培慧表示，違法行為背後其實是文化衝突的問題，許多漁戶家族世代傳承下來的捕魚習慣，很難立即改變，需要政府進行後續的輔導配套，才能逐漸扭轉習慣。而《遠洋漁業三法》法案通過後，兩年後歐盟對台灣解除黃牌，這是培慧以專業角度所處理的國際事件。

將理念落實於國家政策

投入政治界，蔡培慧每天都在學習怎麼做得會更好，也體悟到政治現實，但她盡其所能以務實角度解決問題。

譬如修《教師法》時，當時教育及文化委員會（簡稱教文委員會）的委員被各方團體包圍，教育界團體各自壁壘分明，各方壓力一湧而來，協調過程非常長，那段時間我看得到她的掙扎，畢竟從學校出來，許多實務面問題需要考量。記得當時我曾協助一則新聞稿，內容是委員會不可能只顧一邊意見，更不會硬闖，而這也是蔡培慧處理法案的態度。

二〇二〇年，蔡培慧選舉落選後，隔天回到立法院辦公室收拾東西，我請了幾個小時的假去幫忙，結果到的時候發現她根本就沒在打包，只是把所有東西拿起來看一看，再放回原位。

培慧雖然知道現實狀況是選輸了必須離開，但是並沒有否定掉自己曾經在這個民主殿堂中所做過的努力。

培慧很念舊，每個東西都是她在立法院的回憶，無論是一本書、一套計畫書，就連公開資料都不捨得丟。我告訴她：「你看辦公室哪一塊要先收，我幫你收，網路上查得到的資料就丟掉，文件上的筆記部分撕下來，其他丟掉。」唯有用這種粗暴的方式，才讓她的收拾有點進度。

從街頭到立法院，觀察蔡培慧一路以來的改變，我想應該是長大了吧！從搖旗吶喊、舉布條衝到第一線的社運人士，身兼發表文章針砭時事的專家學者，至今她仍保有最初的精神與行動力，又能將理念落實到國家政策、法制和預算等面向，讓理想一步步落實在政治的日常運作中。而蔡培慧也從原本是個局外人，逐漸將自身的影響力內化到台灣農業政策的內涵裡。（採訪整理／蔣金）

走近蔡培慧

做實事的政治素人

林唯莉（資深國會助理）：

我是國會助理，曾經在大學教書，之前受傷休息過一陣子後，發覺還是很喜歡政治工作，便決定重回立法院，但前提是我想選自己喜歡的老闆，第一個想到的就是蔡培慧。

認同培慧的關鍵，不脫「台灣」、「土地」、「同婚」這幾個詞，面對這些議題，她立場明確，滿足我心中對於「正直」的條件，而且她個性溫暖、沒有架子，是個踏實的人。

培慧讓我驚豔的地方有兩點。其一，她是我在立法院看過少數會自己寫法案的立法委員，即使是同事來寫，她也會高度參與，而且是每一條、每個項目都會細心斟酌，我覺得非常難得。

第二點，她是個和員工平起平坐的老闆。在辦公室裡還是有從屬身分，但培慧總是要求平等，我剛進辦公室時會喊她「委員」，她一直跟我說：「叫我培慧就好。」此外，她也很願意傾聽助理的建議。

培慧雖然溫暖，但她卻是一個溫和到「沒有亮點」的人。

我個人覺得，對於想當立委、做公共服務的人，必須適當展現個人英雄主義，政治就是一種表演，民代在接受質詢或開記者會時，要把自己變成表演者，以這點來說，培慧做得不夠到位，我甚至覺得，她可以「再多演一點」。

這一點，或許是因為培慧來自體制外，在她心中，沒有「做一半」的概念，事情就是要做到「百分之百」。一旦決定進入體制，代表她願意接下挑戰，不想當一個「光說不做」的人，她是實踐理念的行動者，也得學著適應體制內的文化，而這也正是我看到培慧的轉變。

當然這種轉變需要很長的時間。二〇一九年之前，她的辦公室沒有新聞聯絡人，也沒有聘請新聞助理的想法。她會覺得：「為什麼我做的事情要跟記者說？」

從這一點可以看出，培慧真的是來做事的。通常法案三讀通過，有些立委會在議場舉牌秀政績，但她不做這件事。可是這也造成一些問題，例如我們幫她打立委選戰時，沒有照片、沒有證明，加上當時她也不經營粉專，她要花很多時間表明自己是南投人、做了很多外界看不到的事情，所以我進去的前半年，培慧可以說完全沒有做文宣。

聆聽在地聲音，解決問題

從體制外到體制內，另一個最大的不同點是，進入立法院之後，培慧可以聽到更多其他民眾的聲音，不只是憤青的聲音。

過去她跟一大群關心農業的知識份子，一起討論議題，難免會有跟地方脫鉤的狀況。因為每個人接觸到的農村問題都不一樣，不同地區的農村，遇到的問題也不相同，當她拿起麥克風高喊農村的權益、為土地發聲時，其實不全然都是農民想要的。

舉例來說，南投遇到最大問題是交通，目前最迫切需要的，是便利順暢的公車系統。外界可能很難想像，南投沒有APP可以顯示公車抵站時間，公車站也沒有電子顯示牌，就連公車站亭都不多，尤其是住在偏鄉的老人家們，一旦需要搭公車進城，就得蹲在路邊等一小時一班的車，沒有遮風避雨的地方，非常辛苦。

公車路線及班次也遇到同樣問題。例如，竹山的孩子要去成大上學，沒有往南的車子可以搭乘，得先往北到台中車站，再轉車到成大；名間鄉的民眾要去日月潭玩，要到草屯或坐車到台中去搭台灣好行。

我們正在改變的，就是這些看似枝微末節，卻關乎在地居民生活的事情。

另一個案例是長照交通車，南投縣是全台灣長照據點最多的鄉鎮，整體來說，縣內各鄉鎮的基本福利卻沒有特別被照顧到，雖然衛福部提供補助，鄉公所也可以申請長照車，但這件事卻沒有被執行，為什麼？因為一旦申請長照車，鄉公所要自己處理後續維修保養費用。了解到這個狀況，在二〇一九年，培慧替長照交通車爭取了一年七十五萬元的補助費用，讓鄉公所可以較無負擔的申請長照車，服務需要長照服務的偏鄉居民。

身分轉換的兩難

在體制內雖然可以實際看到民眾的問題，著手解決，但身分的轉換也經常讓培慧有種身為「局外人」的感嘆。

知名文學兼文化批評家薩依德（Edward W. Said）曾寫過一本回憶錄《鄉關何處》（*Out of Place*），談離鄉背井和流亡的故事。他同時擁有阿拉伯人與美國人的身分，由此體悟到身分認同是多元而流動不居的，在書中，他形容自己是「局外人」，培慧很喜歡這本書，我覺得可能是因為它投射了培慧自己的身分。

培慧從小在南投長大，之後到台北念書後，被台北人笑有口音。九二一地震是她回家的起點，但回到南投之後，她也被南投鄉親當成是城市來的農業博士。從體制外到體制內，倡議者跟公共政策執行者的立場必然不同，曾經的戰友質疑她，蔡培慧被收編了，也有人說「阿慧變了」，這種被昔日戰友批評、被當成局外人的狀況，讓她滿受傷的。

譬如，二〇一七年，培慧曾經在Facebook上澄清水保案，當時被環保團體罵翻天，台北人關心有機農業，主張不能破壞自然環境，也有團體認為不能整治野溪，生態才會健康，可是一旦淹水阻路，日常生活受到衝擊最大的，卻是當地居民，相關陳情案十分頻繁，怎麼可能不解決？其實現在有很多工法採取友善環境措施，只要適當施工，是可以同時兼顧自然環境與生活安全的。

另一個問題是抓流浪狗，動保人士極力抨擊，殊不知，當地有很多長輩因為被流浪狗追而摔倒，甚至受傷。諸如此類的問題，必須要從不同面向考量，才能找出適當的解決方法。

這些不諒解或批評雖然讓培慧受傷，但她依舊秉持初心，透過溝通整合與協調，實際解決南投的問題，這才是她的第一要務。

單純樸實的真性情

在忙碌的工作中，培慧療癒自己的方式就是吃。愛吃的她特別喜歡甜點，尤其是蛋糕，能夠幫助她在沮喪時緩解情緒。我們跑行程中，她會帶著大家去吃點心或宵夜，總愛邀請助理們一起吃東西，我們常笑稱服務處的主任跟著培慧工作後都胖了一圈。

培慧所有出糗的影片，都跟吃有關。記得有一次競選立委時，我們在國姓掃街，培慧不假助理之手，要自己下車買水，當時我坐在後座處理公務，想說怎麼這麼久她還沒下車買東西，一看才發現她竟然在吃碗粿。

此外，培慧非常愛哭，尤其講到九二一、祖父母、小孩等主題，她一定會眼眶泛紅。二〇一九年的祖父母節，我們要培慧錄一段話放上Facebook，因為知道她的罩門，我在她開心講話時，從包包中遞出一罐伯朗咖啡，培慧馬上在鏡頭前流下眼淚。以前只要她從台北返鄉，阿公、阿嬤就會去買伯朗咖啡，因為那是早期鄉下人認為最時髦的飲品。

培慧不喜歡壯大自己，也因為不崇尚個人英雄主義，在一些政治場合上，可以看到她總是站在旁邊，不搶鋒頭，社交餐會時也不坐主位，而是請長輩先坐，很有禮貌。

培慧也有各種堅持的原則，但從中可以發現，她的堅持常來自於對人民的考量。

譬如，我們想宣傳培慧成功爭取到埔里建設農路的經費，把埔里寫出來，才能跟村民說明，但培慧覺得這樣不夠，她希望加上是埔里鎮的哪些里，若是遇到鄉親詢問：「那我們家這邊有嗎？」她還會要我們再加上哪一條街道。密密麻麻的文宣，根本不符合網路族群喜歡看圖、不愛看文字的閱讀習慣，但這就是培慧的個性，總是把人民需求擺在廣告效果之前，這是她吃虧的地方。

我不一樣，身為政治幕僚，難免要從不同面向考量，大到與外界的應對進退，小到穿衣服，都會給她建議。培慧是個保守的人，衣櫥裡永遠只有襯衫、西裝外套、黑皮鞋，我們常勸她不要穿得這麼正式，因為很不「農民」，不接地氣，下鄉走訪應該穿休閒服，較能拉近與鄉親間的距離。

或許在培慧心中，西裝讓她有專業感、安全感。她也不斷試著調整，如今會穿件花襯衫，或一雙灰色系的鞋子亮相，這對她來說已經是很大的突破。

保守穩健，踏實耕耘

培慧嚴謹的性格，除了反映在衣著風格之外，做人處事上也看得出來。她有條有序、一絲不苟、保守穩健。我甚至可以有自信的說，我們每一封新聞稿、每一則 Facebook 貼文中所提及的政績，都可以追溯何年、何月、何日開始爭取，進度到了哪裡，因為這些都是別人收割不走的成效，是我們努力過的痕跡。

立委選舉雖然是高票落選，但南投本來就是一個無敵艱困的選區，想翻盤並不容易。以前對手可以輕鬆選上，如今我們卯足全力，為對方造成明顯的壓力，已經很棒了。

我告訴培慧，在勝率差距懸殊的情況下，我們應該看到結構正在鬆動。她的出現，讓南投人看到當地可以有這樣的領導人，至少給了他們不一樣的選擇。或許，某一天情勢會逐漸轉變，培慧可以離改變家鄉的目標再近一點，進而促動更多南投年輕人返鄉，為這片滋養生命的土地，攜手努力。（採訪整理／蔣金）

第七章

幫大家解決問題

為了讓政府看見偏鄉的困境，
她帶官員下鄉訪視，
擔任中央與地方之間的溝通角色，
盡力縮短城鄉差距。

南投的天氣屬於副熱帶濕潤氣候，每逢夏天不只是熱，更帶來豐沛的雨量，午後雨落不停。這對位於城市的小學來說，基本上不成問題，因為多數有活動中心取代操場，學生在下雨天仍可照常上課，但對偏鄉小學來說卻是一大難題。

偏鄉小學爭取經費不易

位於南投縣草屯鎮的雙冬國小，座落在山區，校長蘇裕祿對此特別有感觸。他在十六年前還沒有考上校長時，在雙冬國小擔任主任一職，當時他大力向教育部爭取，希望能興建一座風雨球場，供學生在天候不佳時上課使用，不過始終爭取不到經費。

蘇裕祿回憶，當年預估蓋一座設有遮雨棚的風雨球場少說要五、六百萬元。以雙冬國小這樣的規模，要得到額外的教育資源，可說是天方夜譚。

雖說如此，蘇裕祿並沒有放棄，仍透過南投縣政府，持續向教育部申請，希望能通融應允，但始終沒有下文。蘇裕祿說：「當初那個管道恐怕不是那麼暢通，每次申請到某一個層級就停下來了。」

學校向政府爭取資源，宛若一場大戰，每一所學校都卯足了勁、各顯神通，然而擁有優勢的仍是城市裡的學校，不僅在學生規模上就占了便宜，更經常握有更多人脈，得以「上達天聽」，讓偏鄉小學只能望洋興嘆。

「我們當然是抱著一定會爭取到的期待，但全國有那麼多所小學，政府雖然有注意到我們的需求，可是要給予符合要求的回饋，真的很渺茫，」蘇裕祿說，在這場校園資源戰當中，若與政府溝通的管道不夠暢通，又缺乏足夠的人脈幫忙引薦，小學校幾乎都要抱持著被淘汰出局的心理準備。

這樣的困境，在蘇裕祿經過十幾年、輾轉到不同學校服務，最後又回到雙冬國小任職時，仍舊沒有改變。

更嚴重的是，隨著物價變化，時至今日，當年五、六百萬的興建費用已水漲船高，飆升近千萬元之譜，申請更是難上加難，學生依舊面臨著上體育課要承受日曬雨淋的辛苦，甚至畢業典禮都不見天日，得在地下室舉行。

缺乏一座可以遮風避雨的風雨球場，雙冬國小並非特例。

帶官員下鄉，看到問題所在

根據二〇一六年教育部體育署統計，全國三千六百四十二所國立、縣市立高級中等以下學校，共一千八百四十二所沒有活動中心、三千一百八十一所沒有體育館、兩千九百四十八所沒有風雨球場，合計有一千兩百六十五所學校是三項皆無，雙冬國小即是所謂的「三無」學校。

教育部坦言，依照二〇一六年政府補助學校興建風雨球場的進度：補助國立學校兩座、縣市所屬學校十座，共十二座，要為一千兩百六十五所學校全部補助興建風雨球場，需要超過一百年的時間。

當時擔任立委的蔡培慧，也發現了偏鄉學校所碰到的困境。儘管政府已有計畫，預計撥款要消除三無學校，不過大學校仍是重點補助的對象，蔡培慧心想：「那這些真正需要的小學校該怎麼辦呢？」

蔡培慧說，她在當立委時，有幸擔任教文委員會的召集委員。與其他召委最大的不同是，她會積極安排考察，帶官員到有需要的地方，讓他們實際經歷現實的情況，而不只是在辦公室看文書。

蔡培慧早年從事社會運動，在做事上培養出十足的行動力；進入立法院後，她把那份行動力運用在與行政部門的溝通協調上。

由於長期關心南投的偏鄉教育，她初進國會，就把教育部長帶到南投的旭光高中，要為校內的空手道學員爭取更好的訓練環境。

南投旭光高中的空手道班聞名全國，素有「台灣少林寺」之稱，多年來培養出許多優秀的年輕空手道選手，更屢屢在亞洲運動會中為國爭光，是全國金牌最多的台灣高中。然而，旭光高中雖然成績優異，它的空手道班卻位在地下室，設備相當簡陋，長年都沒有合乎專業規格的道館。

蔡培慧記得，當她帶著教育部部長去旭光高中考察時，前一週正好下大雨。他們一走進訓練教室，發現學員們正為了恢復正常練習，全忙著清掃，要把雨勢挾帶而來的泥沙清乾淨。

「部長當下就覺得，學生們應該有一個專業的訓練場，」蔡培慧說。二〇一九年十二月，旭光高中的專業空手道道館終於落成啟用。

蔡培慧從此意識到，做為一位要解決地方問題的民意代表，溝通協調固然重要，在質詢台上的犀利提問亦不能少，但若能把中央官員帶到現場，讓他們有「臨場感」，親眼見到問題，更是事半功倍。

面對雙冬國小的「三無」問題，蔡培慧故技重施，邀請到時任行政院副院長的陳其邁親自到雙冬國小一探究竟。陳其邁到學校一看，立刻明白問題所在，回到台北後，馬上督促相關部會解決問題，制定專案補助更多需要的學校。教育部規劃撥款，讓雙冬國小學童的體育課不再被天氣左右。

最後，教育部共撥出八百九十萬元，為雙冬國小興建半戶外球場，自二〇二〇年八月開始動工，隔年落成啟用，可供學生練習籃球、羽球、排球、巧固球及獨輪車等項目。

蘇裕祿說，半戶外運動場的啟用，讓學校的教學設備更完善，假日也可開放給社區民眾運動休閒。學童則說，以前遇到下雨天，練習場地就必須移到地下室，但地下室的地板較滑，容易跌倒受傷，現在上面有天花板，能遮風避雨，練習變得更安全。

身為立委，蔡培慧對偏鄉教育的關懷不遺餘力，衷心期盼偏鄉學生能夠得到與城市學生同等的學習環境。

教育資源不應城鄉有別

穿梭在台中市的大街上，邱柄豪剛停好車，三步併兩步、急急忙忙趕著去上課。做為南投瓦斯廠的第三代接班人，操作危險易燃物是必備的技能，更是萬萬大意不得的事，不但平時作業要符合標準程序，每兩年還要參加主管機關所舉辦的「複訓」，以確保意外不會輕易發生。

邱柄豪次次都準時報名，大老遠從南投家裡出發到台中上課。儘管路程遙遠、每一次都是壓線抵達，生性好奇的邱柄豪停好車後，還是經常不由自主的在路上四處觀察，其中最大的疑惑，便是台中市區的部分學校為何配有冷氣呢？

三十而立的邱柄豪不只是一名瓦斯廠老闆，還是一名極度疼愛女兒的父親。為了隨時關心孩子在學校的狀況，打從女兒二年級開始，便自動自發參與南光國小的家長會，從委員一路做到總幹事，終於在女兒升四年級的時候接任家長會會長。

邱柄豪說，接任家長會時，他就下定決心，要當一名會做事的會長。不過，在老婆眼裡，他卻成了一個「雞婆」的人。

當上會長後，邱柄豪堪稱盡心盡力，處處為孩子們著想，看到其他學校有任何南光國小沒有的，都會想辦法爭取，先後幫忙學校爭取到人行道的遮雨棚，以及風雨球場等校園設施。

推動冷氣裝設政策

談到冷氣，邱柄豪回想當時情景，彷彿還能感受到那股悶熱：「我當會長時，經常到學校走動，每次一爬到三樓，都不敢相信怎麼會這麼熱。」

邱柄豪說，南投縣一到夏天就濕熱不堪，接近中午時分，日照溫度約為三十六度左右，熱風一旦吹進教室，便久聚不散，形成一股熱漩渦，最熱的時候，溫度甚至能飆高超過四十一度。

每到五、六月，「教室好悶、好熱喔！」成為南光國小學童回家最常與父母抱怨的話題之一。

眼看台中市的部分小學，有些教室配備了冷氣，邱柄豪心有不甘，私底下找機會詢問台中的民意代表，才知道原來市政府都有撥款補助學校裝設冷氣，但南投縣礙於財政相對困難，很難給予縣內小學同等的待遇。

「教育應該是公平的，」邱柄豪大惑不解，平平都是學生，怎麼直轄市的孩童就能享有比縣區孩童更佳、更優渥的教育資源？

邱柄豪一方面對城鄉差距所造成的教育落差感到憤憤不平，一方面也存有私心，希望自家女兒能體驗更好的校園品質。他因此找上埔里鎮鎮長廖志城，希望能夠改善現況。

對於邱柄豪的請求，熱心的廖志城很爽快，當下便一口答應。但答應歸答應，他一介鎮長哪裡找得到奧援？廖志城此時想到了時任不分區立委的蔡培慧。

收到縣民請託的蔡培慧義不容辭，立刻督促教育部提案。因為蔡培慧的施力、追蹤，再加上缺冷氣的偏鄉國小不只南光國小一所，行政院接到來自全國立委的拜託，最後由行政院評估、盤點，成立專案執行班班有冷氣。

行政院院長蘇貞昌於二〇二〇年七月於台南視察「老舊校舍改善情形」，當場宣布政府要為全國中小學裝冷氣，並承諾要在二〇二二年夏季前完工。

蔡培慧致力於南投的建設，凡走過必留下痕跡；而除了關心偏鄉小孩的困難，蔡培慧更心心念念偏鄉老人的處境。

長照交通車解決長輩就醫困擾

司機大哥喚了兩聲，無人應答，於是兩手攀在鋁門窗上往內望，尋找老阿嬤的身影。她正坐在輪椅上吃早午餐，見著有人來訪，轉過頭，臉上露出一抹燦爛的笑容；家中的外籍看護忙進忙出，打點好去醫院要使用的文件和用品，就怕有什麼疏忽、遺漏。

接近中午時分，南投縣生活重建協會的長照交通車，駛進國姓鄉市區的小巷裡，要接七十三歲的老阿嬤到台中看病。每半個月到台中亞洲大學附屬醫院回診一次腳疾，對於高齡長輩來說是生活中的大事，也是難得出遠門的機會。

全副武裝的印尼籍看護好不容易將隨身用品準備齊全，大包小包背在身上，才終於騰出雙手，慢慢把阿嬤的輪椅推到長照車的後面。只見司機大哥將兩扇車門敞開、按下機械按鈕，升降機的金屬平台便輕巧的向外翻出、緩緩降至地面。

阿嬤輪椅的四個輪子滑上平台，四平八穩的向上移動，最後平行收入廂型車的後座。此時，司機大哥會細心的再三確認阿嬤是否坐好、安全帶是否繫好，免得車子在行進中晃動，造成老人家的不適，甚至受傷。待確認無誤後，司機大哥才安心的返回駕駛座，啟動車子引擎，準備出發。

從國姓鄉出發，開車上交流道，沿著台六線一路走，窗外的風景從群山到城市，得花上一個小時左右。長照交通車在下午一點出發，下午兩點左右將阿嬤護送到醫院大門口。司機大哥熟練的靠邊臨停，下車將安置輪椅的步驟反向操作一遍，便目送看護將阿嬤推進醫院。

此時，長照車的任務還沒有結束，還不能就此打道回府。豔陽高照，司機大哥找了附近一處陰涼地方停車，盯住手機，等候看護隨時來電，通知他看診結束，到時長照車必須再把阿嬤安全送回家。

從小需要看到大問題

根據台灣「一〇九年人口及住宅普查」統計，工作年齡人口首次出現了負成長。六十五歲以上老年人口為三百六十七萬一千人，較十年前劇增一百二十二萬六千人，快速進入高齡化社會。而南投縣與雲林縣和嘉義縣比肩，六十五歲以上人口均超過兩成，居民平均年齡逾四十四歲，是高齡化人

深感偏鄉老人的照護困境，蔡培慧積極爭取交通車購置及營運經費，減輕長輩就醫負擔。

口最嚴重的縣市之一。

國姓鄉的人口老化問題更是嚴重。

邱慶禧是南投在地人，九二一大地震之後，他為了幫家鄉重新站起來，主動籌組了福龜重建工作隊；在重建工作告一段落後，有鑑於南投縣老年人口問題日趨嚴重，便將重建工作隊轉型為生活重建協會，投入社區照顧服務的工作。

邱慶禧指出，南投縣的老年人口占比高，再加上地廣人稀，才會有交通車的需求。「這在城市根本不成問題。但在這裡要坐公車沒公車，要坐計程車沒計程車，老年人又行動不便，要是沒有仰賴溫馨巴士的接送，長輩平時很難自己去看醫生。」

以老阿嬤為例，平常子女都在菜市場工作，難以配合母親回診看醫生的時間，要是沒有人專送，就必須自行到南投客運站搭乘客運，而客運不但時間不彈性，又不是直達醫院，下了客運，還必須轉車。以老阿嬤出入都必須仰賴輪椅的情況，幾乎是不可能的任務。

邱慶禧說，客運對於行動不便的老人是一大難關，他們必須依靠配備升降機的專門車輛接送，不過要是自行租用白牌車，一天的花費可能要到兩、三千元不等，對於弱勢家庭無疑是一筆沉重的花費。然而，地方上能提供的長照交通車卻經常不敷使用。

蔡培慧經常在地方走動，同樣注意到這個問題。她發現，有不少獨居長者因為社區與住家距離太遠，或是行動不便而無法外出互動，於是馬上在立法院施力，在質詢時，積極要求衛福部到現場了解實況。

二〇一九年六月，蔡培慧特別邀請衛福部次長薛瑞元到埔里與縣府、公所、醫療專業人士以及長照站工作人員座談，討論長照站遇到的困境。經過不斷討論後，終於促成「長照服務資源不足地區交通接送量能提升試辦計畫」，提供有需要的機構、長照站、社會團體或鄉鎮公所，只要與長照有關，即可申請交通車補助。

而不只是補助交通車輛的購置，蔡培慧意識到對長照交通特約單位來說，車輛後續的維護保養及駕駛人事都是長期且沉重的負擔，更爭取到一年七十五萬元支持長照交通車的持續營運。

蔡培慧長期關心地方需求，總是能從小需要看到大問題。

成功推動修法

蔡培慧當初雖然因為農業專業而進入立法院，然而做為不分區立委，資歷相對淺，礙於政治現實，難以長期留在兵家必爭之地的經濟委員會當中，不得不轉戰它處。

二〇一七年，蔡培慧轉任教文委員會委員，期間她持續關注偏鄉教育，陸續經手地方鄉親的請託，包括偏鄉學校的教學設備、風雨操場等，並在第九屆第七會期擔任教文委員會召集委員。

受到教文委員會委員的信任，當選該期召委，蔡培慧戰戰兢兢，除了更著力於偏鄉教育議題，也面臨新的挑戰。

多年來，國內學校不斷出現不適任教師，甚至發生體罰、毆打、壓制學生等暴力事件，更常見言語羞辱、歧視、公審、孤立學生等狀況。然而，這些不適任教師卻很難被解聘。

經過兩年的討論，二〇一九年三月七日，行政院通過《教師法》修正草案，以回應社會對於政府處理「不適任教師」的強烈期待。

二十四年來從未針對不適任教師處理機制進行修法，如今終於跨出一大步，理當是讓大家歡欣鼓舞的事，不過，當該草案送入委員會審查時，蔡培慧卻發現許多民間團體並不滿意，「竟然有二十九個團體有意見。」

蔡培慧做為排案召委，當機立斷，立刻就讓審查停下來，把協調溝通擺到第一位。她也在 Facebook 上強調修法的三大處理原則，向公民團體開誠布公：「有疑慮、非相關條文，不在修法範圍內，包括大學教師限期升等、

二〇一七年，蔡培慧在擔任教文委員會委員召委期間成功推動《教師法》修法，更積極與抗議團體溝通協商，讓超過二十年未能建立的不適任教師淘汰機制終能入法。

教師兼行政職義務等」「完成溝通，再來審查」，以及「保障學生受教權，兼顧教師工作權；對學童施暴、性侵的不適任教師，加速退場」。

積極溝通，尋找共識

蔡培慧說，溝通協調不是光說不練，她馬上就動起來，與近三十個公民團體舉行公聽座談會，傾聽他們的意見。但光是一個公聽會沒有辦法解決問題，蔡培慧決定把重點議題延後兩週再行討論。

接下來的兩週，便是蔡培慧主動出擊的關鍵時機，「比較熟的團體就先打電話溝通，不熟的就逐一拜訪，我要徹底了解他們的癥結點在哪裡。」蔡培慧堅持，一定要每個團體都協調好，達成有共識的版本才來開會。

蔡培慧的策略是，讓她的國會辦公室與教育部合作，一一與團體對話、各個突破，試圖理解他們在想什麼。她回憶，第一目標就是要促成不適任教師退場，不可能把所有事情都卡進去，「必須找到一個可以運作的模式。」

如此海納百川，而非院版先行的強硬態度，讓蔡培慧贏得了與公民團體交流、斡旋的空間。她也拿著與眾團體有共識的修法版本與各在野黨解釋原由，避免不必要的朝野衝突。

五月一日，立法院初審通過教師法修正草案，無須朝野協商、逕付二讀，並於十日院會三讀通過。超過二十年未能建立的不適任教師淘汰機制，終於入法。「一個二十年沒有修的法律，卻不需要朝野協商，這在立法院是一個很大的突破，」蔡培慧自認，她非常重視整合協調，個性上不會強硬的去處理事情。

蔡培慧擔任召委的會期期間，分別三讀通過《教師法》修法，和《文化基本法》兩大文化教育法案，祕訣無他，正是「溝通」兩字。而這也正是她長期在街頭奔走，再加上國會四年加持，所磨練出來的政治功夫。

走近蔡培慧

何明杰（行政院中部聯合服務中心副執行長）：

始終秉持想做事的熱情

在進入行政院中部聯合服務中心之前，我不認識培慧，只知道她曾擔任不分區立委，具備農業、土地專業，是苗栗大埔事件的決策人，直到二〇二〇年我們一同擔任中服正、副執行長，才有機會共事。

認識培慧的人告訴我，她很好相處，而實際共事近兩年下來，也確實如此。她看起來強勢，但很好溝通，願意接受別人意見。說話也不太需要揣測言外之意，因此，身為副手或下屬，我們都可以放心提出建議，全力執行交辦任務。

培慧也是個願意做事的人，身懷熱情，能帶動身旁的人共同努力。自培慧擔任中服執行長以來，推展許多政策，譬如：處理草屯垃圾山清運、推動設立中興大學分校等，都是十分不容易的事情，而她卻做到了。同仁都說，現在的工作氣氛跟以前很不一樣，儘管擔負了更多工作與壓力，但成就感更高。

不求政績，先把事情做好

二〇二〇年十一月，南投發生垃圾山火燒事件，主因是南投縣沒有焚化爐，長期外運垃圾，正巧碰到外縣市焚化爐歲修，五萬噸垃圾無法清運，只好堆積在掩埋場，形成龐大垃圾山，造成在地悶燒、汙染環境的狀況。當時，培慧第一時間抵達現場，了解狀況後一肩扛起，把這件事當成自身責任。

這種做事態度，與其他政治人物很不一樣。

論權責歸屬，垃圾山屬於地方政府事務，培慧大可不用攬在身上；若純粹就選舉考量，她也不是每件地方事務都要幫忙，但她沒有趁機批判對立黨，而是覺得該做的事情就要做，解決民眾切身問題才是首要目標。

培慧曾說：「中央與地方政府是一體的，政府要進步。即使不進步，也要一體承受。」她沒有當做不知情，沒有與地方政府互踢皮球，反而主動以上級機關的高度，直接「跳進去」，積極協助解決。譬如：調集水利署滅悶燒大火，與環保署、環境督察總隊協調，請環保署協助南投縣政府寫計畫，最終幫南投縣政府申請到三億元可觀的處理經費。

這不是典型的政治攻防，主責與出錢機關也不是中服，外界更不會覺得這個政績屬於培慧。在光是釐清責任歸屬就很耗時的情況下，若不是她出面協調，說不定在公文往返期間，垃圾山已經燒完了，問題還沒有解決。

只要為地方好，再累也不怕

她那股「該做的事情就要做」的理念，也顯現在推動設立中興大學分校一事上。

中興新村曾是台灣省政府的所在地，有過一段繁華的歲月，省虛級化之後，中興新村也逐漸沒落，面臨了活化轉型的問題。在中興新村設立中興大學分校，不但有助於活化在地，還可以引進高教資源，形成產業聚落，提高消費能力，對南投未來發展具有長遠影響，也許能替南投找到一條風華再起的出路。

可是，這件事並不簡單，有著許多難關待解，像是如何獲得中央政府的支持、取得教職員與學生的認同等。光是要讓在中興大學教書的老師願意移到南投上課，就需要頻繁且細緻的溝通，才能達成共識。

不僅如此，分校成立之後，學生怎麼來？教職員怎麼來？教學資源必須重新考量；還有土地問題需要與權管機關交涉，也要與地方政府溝通需求，在獲得認同的同時，也要讓土地發揮最大功能，其中細節繁多，工程浩大。

這不是一個立委或機關長官、縣長，可以在一、兩屆任期內完成的事情，而是一段漫長的過程。培慧在背後默默長期推動，不但親自跟總統、行政院長報告，也到國發會說明，並主動與中興大學校長薛富盛討論，開過無數次會，做了無數的協調。

從政治人物進行政治操作的角度來看，通常會先大力宣傳再推動政策，並以「選票」做為首要考量。但培慧沒有把這件事當成宣傳工具，而是認為：「地方需要什麼就去做！」「不管別人知不知道，就是要努力做好。」

台灣就是需要多一些這樣的政治工作者。

有理想，更有執行力

在現實政治體系中，政治人物要與許多單位協調，得到支持，才能推動想做的事，這樣漫長的過程對選舉來說，緩不濟急。受限時間及選舉壓力，多數政治人物傾向做宣傳或宣誓性活動，至於最後真正做到多少事，只是對自己有個交代而已。

有些人會計較，究竟應該先做事才選舉，或是先選上才開始做事；可是培慧不一樣，她一直都只想把事情做好，下的不是典型政治棋。

或許這跟出身社會運動工作者有關，她給我一種感覺：「我以前做社會運動，連命都可以不要，管你那麼多，我什麼都不怕。」

與依法行政的公務體系不同，對陳情抗議出身的人來說，不好的法律就要改，培慧會去研究有沒有修法的可能，探討如何從結構修正，讓社會進步，把公民不服從的精神帶進政府。

外界常認為，社會運動工作者走入政府機關是被收編，但我反倒覺得，這是因為現階段她和政府有一樣的目標、價值觀相近，才會走在一起，而非被收編。

像培慧曾被質疑，她以前反對萊牛，後來為何又同意萊豬？但若細究，培慧之前反對，是因為沒有國際標準，後來同意則是因為有國際標準。出身學者的她，清楚記得自己說過的事情，不會喪失原先立場，這一點也是她的特色。

民進黨裡具有社運經驗、並在學術界有一定歷練的人才十分少見。民進黨很需要這樣的人才，不論是修改法律或推動政策，思考要夠全面，做事必須有理論基礎、堅守原則，我想正是因為如此，培慧當初才會被總統蔡英文列為不分區立委名單。

另外，學者擔任政治人物時，容易碰到政策該如何落實的限制，但我在培慧身上沒有看到這些問題，她目前提出的政策都很完整、落實性高，或許是因為她過往在行政機關累積了豐富經驗，有助於執政。

專業卻不傲慢

跟培慧共事的日子裡，我發現她個性很急、很認真，一有事情就想立即處理。有一次，我轉述民眾的陳情抗議，還沒講完，她電話就撥出去了，執行力很強。

有時，我會忍不住跟她說：「執行長，你先想一下再決定，想清楚做這件事的效益。」她總是直接了當的回答：「我們就決定這樣去做。」我常會擔心她是不是沒有聽清楚，甚至做出錯誤的決定，但後來發現完全是多慮了，她不是單單聆聽幕僚的話，而是真正聽進去，還能快速做出決策。

就連她最熟悉的農業政策，還是會耐心聽夥伴們的觀察、建議，並充分授權，絲毫沒有專業的傲慢。

不過，培慧的好相處並不「鄉愿」，如果基本價值觀不同，她也會堅持到底。但如果是真的想做事，跟蔡培慧共事非常開心，不用顧慮太多，只要覺得對，就可以向她反映，實際去做。

我覺得，在這個資訊快速流通的時代，做事的人終究會被看見，但像培慧這種一開始就願意以「做事」為優先考量，其實並不容易。尤其她學術歷練完整，又做過社會運動者，擔任過民意代表、行政首長，擁有豐富的人生經驗，最重要的是擁有一股想做事的熱情，對台灣來說是很重要、正向的人才。（採訪整理／陳芛薇）

走近蔡培慧

從政從不為了個人

陳添丁（前教育部國會聯絡人）：

我認識蔡培慧時，她擔任不分區立委，並在二〇一九年接任教文委員會召集委員，當時我是教育部國會聯絡人，那段時期與培慧有比較密切的互動，也一同完成艱辛的《教師法》修法，擁有革命情誼。

展現堅持與溝通

自一九九五年實施至今的《教師法》，二十多年來都沒有大修，但在培慧擔任第九屆第七會期教文委員會召委時，通過全文五十三條的修法，回應社會長久以來對不適任教師問題的訴求。

《教師法》的舊法就像一道銅牆鐵壁，牽涉問題繁雜，整個過程被形容如同「火車對撞」。修法期間，立法院外站滿陳情抗議民眾，一邊是贊成修法的家長團體，大聲喊著加油；另一邊則是反對修法的老師團體，其中又兵分兩派，其中關係複雜又盤根錯節。

從家長角度來看，在意的是不適任教師難以解聘或不續聘問題，因為負責審核的教評會，二分之一以上成員皆由教師組成，審核者也為了避免被當事人報復，容易「師師相護」，選擇冷處理，導致不適任教師持續任教，影響學生學習權。

而從教師的立場來看，認為《教師法》修法如同教師刑法，不但剝奪工作權，也會製造親師對立。

修法那年，剛好碰上隔年年初要大選，一般爭議大的法案不會排在選舉前，因此我原本認為《教師法》可能又會再次屆期不續審。此外，接近選舉的第七、第八會期時，召委一般會由連任壓力較小的不分區立委接任，但即將要選分區立委的培慧卻接任召委，更選擇肩負修《教師法》的重責大任。儘管她開玩笑說自己有選舉壓力，但在了解修法的重要性後，仍是盡全力的推動修法。

從另一個角度來看，憑藉當時執政黨的人數優勢，其實不用經過細部審查，就可以將法案送出教文委員會到立法院會表決，但蔡培慧卻覺得直接逕付二讀，會違背她對民主的堅持與想像，所以選擇以細緻卻耗時的做法應對。

記得當時蔡培慧決議召開公聽會，讓二、三十個民間團體各自表述後，再請主責單位進一步研議並跟各團體會談，希望藉此盡力找出共識。最後委員會則花了長達十五個小時逐條審查，才將法案送出委員會。

之所以這樣做，或許跟培慧出身社運有關，她了解儘管傾聽與對話很花時間，也不見得會有成效，但她還是堅持要做，因為整合民間意見十分重要，能夠相互對話更是關鍵。

當《教師法》修法法案終於出委員會時，許多一起參與推動的人都哭了，因為長期以來，《教師法》在教文委員會中進進出出，一直都沒有大修過，幾乎是動都動不了，是委員會史上數一數二難審的法案，如果不是培慧擔任召委，可能至今也無法順利修法。

而修法之後，除了強化淘汰不適任教師的效率，針對涉及性平案件、體罰霸凌、教學不力或不能勝任等不適任樣態的教師，也加速讓他們退場，讓校園能夠回歸到安心教育、快樂學習的本質。

農運出身，也關注偏鄉教育

因工作之故，我滿了解每位教文委員會委員的問政狀況。培慧在第三會期進入委員會，起初我認為農業社運出身的她，可能不會太熱中教育議題，但經過好幾個會期的互動與觀察，發現她十分認真，總會主動盯每個法案的進度。即便不是擔任排審法案的召委，仍會透過質詢或預算提案，督促行政機關推動教育上的大小改革。

培慧尤其關心偏鄉教育，每次去考察，都是安排一整天跑十間學校，行程十分扎實。而經由實地走訪，她觀察到，包含南投鄉鎮在內的偏鄉有許多老舊校舍的問題，教育資源普遍不足，因此極力為偏鄉爭取資源，像是推動風雨球場、與中科合作安排智慧機器人的校園巡迴活動、把3D雕刻技術引進校園等，希望提高偏鄉的教育水準。

其中一次視察行程，南投的小朋友趁機問培慧：「你是立委嗎？我們可以不要都每天吃三色豆嗎？」這樣的聲音讓培慧銘記在心，回到立法院質詢時，指出台北跟南投學校營養午餐品質差距之大，希望讓偏鄉學生能跟都市孩子一樣吃得營養，更曾一度提案《營養午餐法》。

培慧是阿公、阿嬤帶大的孩子，因此十分關注偏鄉年輕人口外流與衍生的隔代教養議題；同時也十分關注愈來愈少人願意從事農業的問題，進而提出改善農業人才培育的方案。培慧的質詢像講故事一樣、很容易聽懂，同時也強調必須從制度上著手。

培慧一路從社運人士、教授到政治人物，都充滿理想。以當時擔任不分區立委的表現，要繼續爭取連任民進黨不分區立委，應該很有機會，再不然回去學界當教授也行，但她卻選擇回故鄉，投身勝算極低的地方選舉。

理想先行，選舉才能更接近地方

南投的國民黨色彩濃厚，對手馬文君更是政治基層出身、在地勢力雄厚，儘管充滿種種不利條件，培慧仍舊憑藉著一股傻勁與理想，認為「選舉才能更接近地方」，堅持回鄉選立委。

她本非政治明星，在南投知名度也低，很多在地人甚至沒聽過蔡培慧的名字。在沒什麼人看好的狀況下，蔡培慧傻憨憨的勤跑地方，努力幫在地鄉親解決問題，最終選舉結果只輸不到一萬票，真的十分不容易、讓人佩服。

儘管選舉失利，蔡培慧不像許多空降選戰的政治人物，選輸就離開，反而是留在故鄉服務。她對故鄉有份情感，一直希望故鄉更好，若能有機會為全南投服務，一定會為南投帶來新的文化。

培慧無論是當不分區立委或卸任立委後，都很願意協助找她幫忙的人。

只要判斷對方有需要，就會伸出援手，而不是以選票或同政黨為優先考量。她的想法很單純，認為只要別人有需要就該幫忙，有時身旁的人還會唸她傻。

她是個很感性的人，只要提到偏鄉、老人、九二一這三件事，都會觸動她的內心，她一定會哭，這是在其他立委身上少見的特質。培慧對我們來說，就像是一位願意好好傾聽他人想法、親和力高的鄰家女孩。

我曾經任職教育部的國會聯絡人，親身接觸過形形色色的立委，因此，格外肯定培慧的認真跟理想，總是專注在想做的事情上，既專業又正派，政治人物的職位對她來說，只是個媒介或工具，是順利實現理想的途徑，讓她可以不必在體制外「狗吠火車」，然而這份理想，從來不是為了個人，而是為了完成她心中長久以來，讓家鄉變得更美、更好的願景。（採訪整理／陳芛薇）

第八章

南投願景

她要鋪一條路，

讓偏鄉的孩子擁有不同的夢想，

讓想回家的人看見故鄉的希望，

讓南投發展出嶄新的面貌。

南投小孩可以有夢想嗎？

蔡培慧在魚池家鄉認識一名親戚的小孩，阿坤。阿坤從小父母離異，他的父親再婚，與大多數的南投人一樣離鄉，在外地打拚，阿坤只能待在家鄉，與阿公一起生活。

蔡培慧每回去阿坤家，不是見到他癱坐在沙發上看電視，就是見他拿家裡人的手機玩遊戲、打發時間。因為阿坤自己沒有手機，他的壞習慣是逢人就借，有時還不問自取，弄得身邊大人也傷透腦筋。

生長在隔代教養的家庭，阿坤缺乏適當的管教，也沒有足夠的指引，對讀書提不起勁，不但在學校的成績吊車尾，還經常與同學發生口角，偶爾甚至變成推撞同學的「惡霸」學生，讓大家都很頭痛。

有一次，蔡培慧實在看不下去，抓住兩人獨處談話的機會，想以過來人的身分給阿坤一點建議，忍不住開口問他，「阿坤，你未來想要做什麼？」

阿坤不假思索的回答：「我想要學『功夫』！」

蔡培慧一聽，很是高興，認為他有目標，便接著問他想學什麼技能。然而，這麼一問，卻把阿坤問倒了。阿坤的確想學功夫，但他從沒有想過要學什麼樣的功夫。

阿坤露出迷惘的表情，忽然陷入沉思。在他那顆年輕的腦袋裡，想過偶像劇的劇情，思考過遊戲破關的方法，竟從來沒有規劃過人生未來的模樣。

蔡培慧說，她當下才領悟到，很多南投偏鄉孩子不是不想學，是他們根本不知道要學什麼。

南投年輕人返鄉路遙遙

在南投偏鄉長大的孩子很少有天花亂墜的絢麗夢想，因為他們不知道人生可以開展出多少種可能性。蔡培慧說：「南投的孩子沒有那麼多文化刺激，都市小孩可能隨便走到哪裡，都有各式各樣的藝文活動在等著他們，但南投小孩在國小畢業前，能看過一、兩次表演就很了不起了，搞不好還掛零。」

其實，只要環境稍好的南投家庭都心知肚明，要讓孩子有足夠的資源成長、培養夠高的學識和眼界，早在上國中的時候就要把孩子送出南投。然而，只要南投人的學業、事業跨出縣界，就很難有機會回家。

蔡培慧以自己的人生經驗為例，她國中時北上讀書，其實很不適應台北。自士林高商畢業後，應徵上一家會計公司，後來不願只當一名會計，又去攻讀夜校，才輾轉到臺原出版社上班，最後進入立法院擔任國會助理。

「在這個過程中，我一直想回家。我想回來啊！」但蔡培慧明白，除非考取公務員，或到日月潭的涵碧樓做服務生，否則工作機會少之又少。

「不是不想回來，是找不到機緣回來，」她語重心長的說，「那個機緣，很難找到。」

蔡培慧說，要不是二十多年前，九二一的驚天一震，讓她不顧一切，無論如何都要返鄉，投入九年的重建，讓她深刻理解城鄉落差的鴻溝，並且下定決心扭轉這一切，說不定她到現在都還回不了家。

然而，這就是青山綠水之外，南投縣的真實情況——既留不住，也喚不回年輕人在地方打拚。

從四大面向改善南投現況

政府曾在二〇一二年做過一次調查，南投縣戶籍人口為五十二萬人，但居住人口只有四十五萬三千人，兩者差距為一二．八七％，而暫離戶籍所在地人口高達二三．五二％，顯示外流人口居高。

外流人口居高不下意味著隔代教養在南投縣的常態化，也間接造成地方的少年犯罪嚴重。以二〇二〇年為例，南投縣的少年犯罪人口率為一三二六．三六，代表每十萬人中有一千三百二十六人犯罪，在國內僅少於基隆市、宜蘭縣、花蓮縣、澎湖縣。

長期缺乏青壯年遷入、留下的理由，更直接造成南投人口老化。根據二〇二〇年統計，南投縣老年人口比率為一八．六五%，老化指數高達一七四．七八，僅次於嘉義縣，為全國人口老化最嚴重的縣市之一。

為了改變南投，為年輕人創造來南投的「機緣」，蔡培慧長時間與鄉親討論、與學者及官員不斷溝通，希望能建立一套翻轉的辦法。

要改善南投的現況，蔡培慧認為，應當從教育、交通、醫療，和產業四個面向下手。

帶孩子看見未來無限可能性

在教育方面，蔡培慧指出，南投最大的問題在於，不僅是在智育部分資源不足，更缺乏完善的技職教育。

她表示，以升學為導向的智育固然重要，但並不是所有學生都適合走這個路線，應讓「升學導向」、「技職教育」雙軌併進。

「因材施教絕非如想像般簡單，有的孩子可能數學很好或語言能力不錯，但也有孩子擅長的領域並不在升學體系的藍圖當中，」蔡培慧認為，為了替那些志在他方的孩子尋找出路、找到適才適所的地方，必須有系統性的規劃技職教育體系。

蔡培慧指出，雖然南投縣的技職教育並非白紙一張，但常常沒有為學生建立明確的目標，更像是升學之外，學生不得已的選擇。「你如果問現在的技職教育學校，為什麼學生要來念技職，根本講不出來；技職讀完可以做什麼，全要學生自己去努力探索。」

蔡培慧強調，關鍵就在於現行的技職教育沒有與產業做好連結，等於學生從學校學來的技能，卻未必能運用在當前的產業上，導致產業找不到適合的人才，鬧缺工。「我希望把兩邊之間的線拉起來，」蔡培慧說。

除了力推雙語教育、中英文並重，以提升南投在地的智育訓練，蔡培慧認為，南投應該在國中三年級就建立技職系統的認識，讓學生進入高中就對技職有一定的認識，從而在高中時期便能審視自己對就業或升學的機會，能夠在就學階段便得以認識未來可能踏入的產業，準備好所需的技能。

不過，說到底，技職教育的提升只是眾多解方之一，蔡培慧認為最至關重要的目標，是給予南投學生探索的機會，讓他們對自己的未來有更多元的想像。

蔡培慧說：「以阿坤為例，一般的孩子對自己人生的想法其實非常單純，不是夢想成為像郭台銘那樣的大富翁，不然就是成為機車行的老闆。他們並不知道人生的選擇裡，可以成為作家、廚師、農產品研發專家或是長照體適能教練，甚至可以去修飛機。」

她認為，城鄉差距的本質，並非只有資源上的差距，文化資本的落差也弱化了農村小孩對生涯的想像，所以改變不能只發生在學校裡，還要發生在南投人的日常生活中。

蔡培慧說，有一次，紙風車劇團難得到南投巡演，她大力鼓吹大家到場觀賞，一個在台北的朋友卻問，「紙風車劇團表演？那不是常常有嗎？」

對於生活在都市的小孩子，去美術館看畫或觀賞紙風車劇團的表演，可能只要坐個公車、捷運便能抵達，但農村小孩沒有這樣奢侈的選擇。

蔡培慧說，必須找出方法，讓南投小孩看見人生的路有多麼寬廣，可以有多少不同的可能性。

建立完整的交通路網

而在交通部分，蔡培慧認為，應該要建立更完善的路網，更密切連結縣內的鄉鎮。她的構思由小見大。

首先，關於社區交通，大家第一個會想到的是公車，但農村人口有限，以致於坐公車的人數也有限，縣政府經常得花大筆經費補貼客運業者。

蔡培慧則有一個大膽的想法：「我們能不能更好的運用這些錢？」她以住在桶頭、於竹山就學的高中生為例，除非住校，否則學生一定得搭公車往返。「是否可以使用相同的公車路線，但讓計程車來跑？」蔡培慧提議，可以挪用一部分的經費給計程車業者，開放民眾透過 APP 或電話預約「小黃公車」，如此一來，從桶頭去竹山上學的學生就能坐計程車上下學，還只要支付公車車費。「等於是政府補助的 Uber 共乘版，可以解決偏鄉小孩缺乏便捷交通的困境，為他們找到變通的辦法，」蔡培慧表示。

除了社區之外，鄉鎮之間也存在著交通上的不便，許多長輩想要進到市區消費、辦事，常常得靠兒女接送。她指出，應該增加鄉鎮與鄉鎮之間的「幸福巴士」，並開放敬老卡坐計程車，以活絡區域性之間的流通，也讓老一輩的南投人可以自由自在的趴趴走。

最後，還要擴及到南投與外縣市的交通。她表示，現行問題是南投的交通過於往台中集中，往南的交通車較少，以致於許多在南部就業就學的南投人必須先往北搭車再往南移動，不論是時間或精神都是很大的損耗。

蔡培慧提議，應該在埔里、南投、草屯和竹山分別設立多功能的轉運站，建立固定的路線，包括從南投開往高雄、嘉義的路線，讓到南投讀書的小孩也能正常往返，不必再繞遠路。除此之外，這個轉運站還附有休閒、飲食、聚會的功能，讓周邊形成一個年輕人願意停留聚集的活力場域。

在鐵路部分，必須改善現有集集線的火車動線，並縮短班距、增加班次，從現行八十分鐘一班，減短至六十分鐘一班，未來更要進一步縮短到三十分鐘一班。「目標是讓集集線從觀光列車變成交通列車，讓它能夠『捷運化』，」蔡培慧表示。

接下來，蔡培慧打算主動出擊，搭建南投到烏日高鐵站的捷運。

「你可以問任何一名南投人，從埔里到竹山該怎麼去，他們會告訴你，必須要跑到台中去轉車，非常不便，」蔡培慧期待，未來若有機會，希望推

蔡培慧認為，南投縣應該要建立起更完善的路網，讓居民不必再寸步難行。

為求擴增南投農業的影響力，蔡培慧（右三）致力於提升在地農產品的知名度，也曾受邀上電視將其推廣至日本。

動南投捷運或輕軌，連結烏日高鐵，把交通、觀光鐵道與高鐵連結在一起，讓南投人自在移動，不用再寸步難行。

推動遠距醫療照顧體系

而蔡培慧最關心的，不外乎是南投人的身體健康，也清楚南投人的就醫問題。她指出，相較於全台各縣市，平均兩百五十到三百名民眾就有一位醫師，南投縣每八百名縣民才有一位醫師，醫療資源相對匱乏。

缺人有缺人的做法。蔡培慧認為，應當連結彰化基督教醫院、埔里基督教醫院、台中榮總埔里分院、竹山秀傳醫院、中興大學、暨南大學，透過產學合作發展偏鄉智慧遠距醫療照顧系統，以守護偏鄉民眾的健康安全。

她更進一步建議，將仁愛鄉、信義鄉、中寮鄉列為優先發展區域，再逐步擴展到各鄉鎮的社區中，推動南投遠距醫療照顧體系。

不過，根本性的問題仍在於南投醫院普遍為地區性醫院，缺乏足夠的病床數，以及高端的醫療人才和設備，讓南投人難以得到最完整的照顧，不得不跨區到台中市或彰化縣，以取得必要的照護。

彰化基督教醫院院長陳穆寬曾表示，他的病患很多來自國外，有的甚至買機票，遠從美國、日本來看醫生，卻好像都比在南投就醫方便。

他表示，南投面積是全國第二大縣份，山地更占九五％，是全國人口老化前三名。對於城鄉差距、醫療資源分配的落差，陳穆寬感嘆：「紐約很近、南投很遠。」

為了達到「專業醫療到南投」的願景，彰化基督教醫院有意擴建南投基督教醫院，目前正在評估選地，預計規模要達四百病床數，可望服務鄰近十九萬居住人口的醫療需求。評估期間，蔡培慧也居中幫忙協調牽線，就是希望能夠達成提升南投醫療能量的目標。

談及產業的部分，蔡培慧說，自己當然希望看到南投的科研轉型，目前，國發會與工研院合作的「青年創業孵育基地」，已經在中興新村成立，並已由工研院輔導八十三組青創團隊，未來會持續增加中。青創基地讓年輕人看見返鄉創業的曙光。

擴增南投產業影響力

「最近我腦裡常常浮現一首歌，歌詞是『玉山高，濁水長，寶島屹立太平洋，南投位置在中央；物產富，民力強，社會純樸學風良，以和建縣成樂鄉……南投好地方，南投好地方』，」蔡培慧說，那是南投縣的縣歌，「南投明明有這麼好的環境，我們為什麼要一直去強調我們沒有什麼？這不是我的初衷。我要把我們有的、好的，通通告訴大家。」

蔡培慧認為，應該設法以南投來打造一個農業品牌，特別是南投做為台灣夏季蔬菜的產量調節地，更應該建立冷鏈，來擴增南投農業的影響力。

她指出，現行南投農產品的知名度，常常集中在特定地域，例如頭社活盆地絲瓜、埔里的茭白筍、百香果等，卻不是主打南投。像是南投產的彩椒，品質數一數二，但一般民眾到市場裡選購，卻未必知道是來自南投。

「所以要加值，要讓南投的農業品眾所皆知，」蔡培慧說。

為此，蔡培慧建議，應發展各鄉鎮的旗艦農產品，並建立農業專區，例如草屯「栗子南瓜特區」、大坪頂「百香果專區」、頭社「絲瓜專區」，和名間松柏嶺「茶葉專區」等。

她也指出，同時間要培植青年創業，成立農產品的數位平台，以及建立引導青年從農的教育體制，「應該從國中就開始，讓我們的孩子了解專業農民的職涯選擇，並告訴他應該怎麼做。」

蔡培慧說，南投應該在堅強的農業實力之上，配合智慧科技的輔助，創造新穎的工作機會，打造南投的農業經濟。

在蔡培慧的心裡，這四個面向的提升除了提振南投的競爭力，最重要的

蔡培慧長期關心在地農業發展，更努力推動食農教育，圖為蔡培慧與埔里鎮長廖志城，和幼兒園學生至埔里蘿蔔田了解其栽種與採收過程。

是，要讓南投人活在南投，能夠開心愜意。

「這個快樂生活的基礎，不是只有空話，而是要確實來補足執行的，」蔡培慧認為，農村有農村的美好，城鎮有城鎮的浪漫，科技有科技的想像，但南投未來不能再以偏鄉自居，而是迫切的需要發展出嶄新的面貌。

「當然，南投不可能一蹴而就，也不可能轉眼間變成一座科學城，但也許能變成一座最舒適、最怡然、最適合生活的城市，」蔡培慧說，這是南投執政者必須許下的願景。

走近蔡培慧

陳吉仲（行政院農業委員會主任委員）：

堅持對農業的理想跟使命

我和培慧曾一同參與國光石化運動、反自由經濟示範區、服貿協議等多場社會運動戰役，二〇一六年蔡英文總統上任後，我們從學界相繼進入立法跟行政體系，期望將過往體制外的倡議帶進體制內落實。

培慧擔任民進黨第九屆不分區立委，我接任農委會副主委後再接下主委，齊力推動農民保險與退休金、綠色環境給付與食農教育等政策，讓台灣農業離永續農業更邁進一步。

從社會運動到進入體制，我和培慧一路以來志同道合，理想與目標也都一致。

反國光石化時期，我們從農業角度切入，主張復甦台灣農村、濕地、提高糧食自給率。記得國光石化第四次環評大會的前夜，天氣寒冷又下著雨，培慧帶著夥伴們辛苦的夜宿環保署。多虧那場抗議，才讓環評未通過，更促成在第五次環評時，馬英九總統直接宣布停建國光石化。那場由培慧帶領的抗議活動是非常關鍵的一仗，需要強大的意志力、號召力及執行力。

二〇一四年，在三一八學運發生之前，民進黨曾邀請蔡培慧、賴中強與我到立法院經濟委員會，和時任農委會主委陳保基、國發會主委管中閔等人，對談自由經濟示範區。我們竭力反對設立自由經濟示範區，因為如此一來，許多來自對岸的農產品與加工品，會掛著「MIT（台灣製造）」的品牌出口國外，將大大傷害台灣本土農業。培慧更帶領農陣夥伴，前往各地召開反自由經濟示範區說明會。

三月十七日當天下午，我告訴培慧：「服貿通過了。」當時她因為車禍，還在醫院復健，一聽到這個消息，儘管身體狀況不好，傍晚還是立刻趕來台北。看到她為了該做的事情，連自己健康都拋諸腦後，讓人不捨又心疼。

培慧對理想的堅持十分令人佩服，只要是對的事，她一定會去做；任何可能傷害農業的事，她都會義無反顧站出來，奮不顧身的達到目標。但這不是為了個人，而是為了農業，有時我覺得她比我還堅持對農業的理想跟使命。

社會運動要成功，需要手段、方法，也要號召志同道合的人，更要讓媒體認同，說服政治人物點頭接受訴求，每項都是很具體的工作，需要一一落實，才能達到最初的目標。

培慧不只堅持，還具有行動力，才可以清楚傳達理念與訴求，讓社會大眾及執政單位了解，執行到位，成功達到保護農業、替農民爭取權益的目標。

決心走入立法體制

國民黨執政時期，發生許多激烈的社會運動，蔡英文總統上任後，也十分重視農業團體的訴求，因此邀請農業運動出身的我們加入體制，協助落實農業政策，推動改革。

無論是立法或行政體系，只要在體制內，都比在體制外可以做更多事情，讓台灣農業更加往前進。但我們也清楚不能改變初心及核心理念，更要因為被賦予做事的機會，而做出績效。

初心不變，更加務實的做事

我們會互相合作，擔任立委的她除了立專法，也會舉辦公聽會、說明會，或是請行政部門參與協商。當立法體系有所呼籲，行政體系就可以配合，具體推出對農民、農業有幫助的措施。

譬如，培慧呼籲農民應該比照其他行業，加保職災保險，農委會也大力支持。一直以來，從農受傷比例是非從農者的四倍，但農民卻缺乏職災保險。此政策一通過，農委會提供每位農民一個月十元的補助，而農民則只要繳十五元，就能享有保險保障。如果受傷住院，保險一天會補助九百元醫療費，對收入有限的農民來說，不無小補。

除了農民職災保險，農民健康保險、農業保險、退休金等有益農業的政策，也都是在這幾年完成，而這些都是過去政府沒有做到的。

除了改善農民福祉，我們也推動農地保護政策，希望用行動保護農地。像是《工廠輔導管理法》對違章工廠有更嚴格的規範，讓農地不要一點一滴流失。

台灣若要達到永續農業願景，必須有人也要有土地，因此從政策上來看，需要照顧農民，提升農民所得，讓更多人願意從事農業生產，同時也透過國土計畫維持農地面積總量。

另外，食農教育也十分重要。做好食農教育，將有助於台灣農業永續發展，因為許多消費者不清楚自己買的農產品來自國內還是國外，如果能夠改善這種情況，相信會有更多消費者選購國內農產品，有助於抵禦全球貿易自由化的負面影響。這也是培慧立委任內時一直希望推動《食農教育法》的原因。二〇二二年四月十九日，《食農教育法》也已經在立法院三讀通過。

培慧從體制外的社會運動者，到擔任立法委員，想幫助台灣農業的初心一直未曾改變，反而是在了解實際執行困難後，調整成更加務實的推動方式。

理想的目標，需要一步步完成。身分的轉變，讓蔡培慧變得更務實，是她走入體制內最大的改變。儘管執行方式不同，但仍堅持理想、目標持續前進，扎扎實實的做事，這些都是培慧的優點與特質。

其實，培慧可以留在行政單位中做許多事，但她一直想讓故鄉翻轉，才會回到南投深耕。南投是台灣農業大縣，也是茶葉的重要生產地，農業觀光景點多，極具發展農業觀光休閒旅遊的潛力。如果培慧未來有機會回到南投服務，我認為以她務實的個性，一定會讓南投大幅度翻轉，讓南投農業邁步往前走，相信這也將會是在地農民的幸福。（採訪整理／陳芛薇）

走近蔡培慧

廖志城（南投縣埔里鎮鎮長）：

一心只想為家鄉服務

我任職南投縣縣議員時認識蔡培慧，她那時在九二一震災重建基金會工作，協助災區重建。她接任民進黨不分區立委後，彼此才有更多的互動。

從基金會執行祕書、世新大學副教授、民進黨不分區立委，一直到出任行政院中部聯合服務中心執行長，培慧回到故鄉南投深耕，一路以來為家鄉做許多事，十分有心。

九二一大地震後，埔里身為重災區，許多建物倒塌，昔日生活像是一切歸零，各行各業都需要幫忙，其中最困擾民眾的莫過於房子塌了，龐大的房貸壓力卻仍重壓在肩上，苦不堪言。

當時培慧是基金會代表，除了協助民眾處理貸款問題，也心繫幼童們的教育及照顧，重建鎮立托兒所，同時推動基金會在震後捐一千五百萬給新故鄉文教基金會，將日本阪神大地震後興建的紙教堂搬遷至埔里，有助後續觀光發展，讓埔里能夠盡速恢復小鎮往日的風光面貌。

擔任立委與中服執行長時，培慧更是全力協助埔里鎮及南投縣爭取大小建設。對於偏鄉教育資源總是格外留心的她，一發現許多學校需要修建跑道、設立風雨球場等設備，二話不說就動員所有資源向中央政府爭取經費，力求讓南投縣的孩子享有和其他城市學童無差別的教育環境。

此外，屬於地方建設範疇的道路修建、社區共融公園、地方創生城鄉風貌營造計畫等，也都能看到培慧出的一份力，她更協助埔里鎮與南投縣其他偏鄉的簡易自來水改善工程，確保家鄉的人們都能有乾淨穩定的水資源，造福許多家戶。

埔里是個小鎮，總人口數只有七萬多人，長期發展精緻農業，以茭白筍、花卉、香菇、百香果等聞名，以前少有部長級官員造訪，後來有了培慧的邀請促成，包括行政院長蘇貞昌、農委會主委陳吉仲等各部長級官員，都曾多次前來訪視，協助解決農家當面提出的問題，讓埔里地區的農業能夠往新的高度及廣度邁進。

除了小朋友們的教育外，培慧心中也謹記著「活到老，學到老」這句話。記得有一次，時任立委的她曾邀請衛福部次長來埔里，進而促成長照據點增加近二十個，埔里超過一半的里都設有相關場域可以讓長輩終身學習。

培慧在立法院長期爭取南投興建社會住宅，終於在二〇二二年二月，成功促成首例埔里社會住宅的動工案，內政部政務次長花敬群親自到此召開說明會。未來社會住宅將具備托育中心各項設施，又在市中心，租金平價，可以照顧在地的無殼蝸牛。

默默做事，解決問題

這些令民眾有感的建設能夠順利完成，不能少了培慧東奔西走的邀請官員親自來南投會勘，促成案子拍板定案。而每次中央部會在埔里辦的座談會，也都以高效率一口氣解決多個問題，可見培慧與中央互動關係良好，具備極佳的溝通協調能力。

地方經費有限，公所人事費就占了每年總經費的一半，但每項建設、大小修繕都需要經費，因此中央或縣政府的補助對小鎮來說十分非常重要，因為有補助才會有建設。

譬如埔里的地理中心碑優化已討論多年，無奈埔里財政狀況不佳，遲遲無法實行，幸虧有了培慧幫忙，才能納入日月潭國家風景區範圍，獲得前瞻基礎建設的經費挹注，順利改善觀光環境。觀光業對埔里來說十分重要，硬體建設好，才能留住觀光客，為在地創造更多消費。

除了為地方爭取資源，全國學生班班有冷氣的政策，也是培慧在立委任內時推動，而這些建設的爭取不僅埔里受惠，也擴及全台灣。除此之外，她亦幫中興新村爭取設立中興大學分校，希望有助減緩南投的人口外流與老化。培慧就這樣默默做了許多事，解決許多問題。

培慧很熱心，總會主動用心觀察別人需求並予以協助，或許因為如此，以前經常是培慧問別人需不需要協助，現在則是許多人一遇到困難，就會想到找培慧幫忙。

培慧的名片上就寫著她的個人電話，不僅很容易找到她，而且即使再忙也會撥空回電。培慧不會隨意答應別人請託，但一旦給了承諾，就會盡力協助完成，長期下來，大家對於她的能力與做事情的效率都看在眼裡，給予十成十肯定。

透過不斷學習，加深閱歷

我認為培慧的歷練會如此豐富，大多源自於年輕時擔任執行祕書的經歷，養成幫別人解決問題的習慣，也是從那時候起，透過不斷學習來加深自己的閱歷。

培慧擔任立委時表現出色，卸任後，把立委時期累積的基礎帶到中服中心。加上她擅長溝通協調與整合各部會資源，做事實在，不畫大餅，這兩年來，讓中服發揮出更大的功能。

最重要的是她有一顆時時刻刻為家鄉人民著想的心，不然即使與中央部會保持良好關係，許多事物也無法順利推動。這可能跟她出身南投鄉下，自己半工半讀、辛苦過有關，因此有能力時就想為南投做事。

除了擁有想做事的心，蔡培慧也確實有強大的執行能力，眼光獨到、格局深遠、目標廣闊，有她自己擘劃的藍圖與願景，很清楚南投應該如何朝全新的方向進步。以她的格局、歷練、觀察力及處事態度，只要有機會，必定會有一番作為。（採訪整理／陳芛薇）

結語

走得更長遠，才能真正回家

談到蔡培慧這個人，大家最初也最深刻的印象可能是「憨直」，是太重人情的傻，也是對個人信念的堅忍不拔、永不放棄。

蔡培慧的「憨」，是明明有教授等級的學識，更曾在街頭為社運熱血奔走，能文能武，講起政策來頭頭是道，但平時大剌剌的，像個大姐頭，沒事就問人要喝什麼、吃什麼，彷彿沒能照顧到人就不甘心，得一再追問，雖然有點嘮叨，但也有些暖心。

她的情緒表露直接，笑起來嘴張得很大，笑聲爽朗；哭相則很難看，還是著名的「愛哭鬼」。每次訪問，助理都得準備衛生紙在側，以免她淚水突然潰堤，讓旁人誤解訪談者欺負她；為了避免誤會，除非趕緊「湮滅證據」，速速替她擦乾眼淚，否則就要謹記在訪問中別談偏鄉問題、別談南投困境，要不然她會立刻紅了雙眼。

而她的「直」，則是自始至終皆用本心活著，從不知道要美化形象、包裝自己。二〇一六年，做為不分區新科立委走入國會，有記者在立法院專訪她，請她在相機鏡頭前做鬼臉扮醜，她也毫不顧忌。蔡培慧就是蔡培慧，不用假扮，更不必裝。

蔡培慧總是在日常的一言一行中流露出坦然，有一股天然的率真，以及讓人心安的問心無愧。縱然不是完美無缺，但相處久了就會明白她的真，深知這個人不會騙人，甚至不懂騙人，好像農村的純粹活在她的血液裡，澆灌蔡培慧這個人。

然而，蔡培慧即使活得再自在，也有在心裡始終放不下的事與人。周遭親友幾乎不必費心推敲、刺探，因為老是掛在蔡培慧的嘴上，念念不忘——那事在南投，人是阿嬤。

阿嬤，鵝仔回來了！

蔡培慧身為家中長孫，父母親很早便北上工作，蔡培慧從小是由祖父母一手帶大，尤其跟阿嬤親。在她的南投記憶裡，阿嬤都在。在阿嬤嘴裡，蔡培慧不叫蔡培慧，而是「鵝仔」，因為她小時候尿布包太大片，走路一晃一晃像頭鵝。

雖然阿嬤不只帶她一名孫子，但特別疼她。蔡培慧記得當年要離家到台北讀書，阿嬤把她叫到跟前，吩咐她今後要勤奮，要認真工作、努力存錢；同時交付她一對金鐲子，深怕寶貝孫女可能遇到什麼狀況，叮嚀她要好好守著，有急難時再拿出來應急。

此後，阿嬤還送過她很多東西。「回去的時候，她會送我很奇怪的枕頭，有一次還送我手錶，」蔡培慧說，這些都是阿嬤從地下電台聽到、買來送她的禮物，但她從來不敢怪阿嬤亂花錢，「我覺得阿嬤也不是真的很想聽這個地下電台，可是（只有）它們在陪她，我們沒有。」

陪伴缺席，蔡培慧至今耿耿於懷，「我後來很後悔，非常、非常後悔，如果那幾年我有在家裡陪她，可能狀況會不一樣。」可是人生無法重來。阿嬤過世的時候，蔡培慧沒有陪在阿嬤身邊。

蔡培慧阿嬤走得很突然，從發現身體出毛病到在醫院過世，相隔僅僅一個月的時間。蔡培慧當時在台北工作，沒來得及見阿嬤最後一面。這記憶淤在心中，讓她一直有份難以抹滅的愧疚。

所以，當九二一大地震的強震衝擊南投，把蔡培慧老家三合院夷為平時，蔡培慧才會感慨的說，「我第一個念頭是，還好我的阿公、阿嬤已經在天上。要不然的話，我絕對不會原諒我自己。」

至今，那對金手鐲仍貼身跟著蔡培慧，她怕戴起來嫌老，卻又捨不得放下，只好收在包包裡，日日背在身上。蔡培慧說，二〇二〇年南投立委選舉，她還不忘在選前的中元節，特地開車回頭社，在阿嬤的墳前，一字一句好好的跟阿嬤說：她回來了。

執念，讓她非回南投不可

或許，蔡培慧耕耘南投的執念源自於想要贖罪的心。沒能好好陪伴阿嬤，蔡培慧興許把那份未了餘情轉移到每一名南投鄉親的身上；又或許這是她回家的方法，要筆直奔回當年來不及歸返的家。不管理由為何，正是那份執念，讓她非回到南投奮鬥不可。

那回家不能只是人回到家，還必須讓家鄉更好、讓南投人更好。但從政從來不是童話故事，更不是許願池，無法心想便事成。對蔡培慧來說，她內心更有著無數拉扯。

從社運到不分區立委、從街頭到國會，蔡培慧已經煎熬過一次，質疑是否要從體制外走入體制內，那是否為必要的改變？最後她想到惦記的農村，轉念想，只要能為農村做事、盡一份力，人站在什麼位置，還重要嗎？

「只要能為『農』做一件事，我願意嘗試各種施力位置，」蔡培慧想要做事的初心為她做出解答。

但質問並沒有在這裡止步。政治的標籤、迂迴、現實，都一再挑戰蔡培慧。她當然可以選擇當一位學者型的政治人物，在聲勢高漲之時踏入政治，在任期結束時急流勇退，不損一身清名，但她最不能忍受的便是置身事外，那不是做為一名「行動者」的態度。

「如果我是一個以農村、以城鄉改革為思維的人，我難道要繼續做不分區嗎？」蔡培慧語帶倔強的說，「不分區立委的權力不是來自於人民，是來自於政黨，而我想跟人民站在一起，獲得民意的支持。」

而當參選的機會來臨，蔡培慧再一次要說服自己，「像我這樣的背景，真的是在偏鄉長大的，如果有任何可以接近政策、接近改變的機會，我又拒絕了，那我一直提醒自己要好好來協助農村，不是等於都在講空話？」

追逐的不是權力，而是一個做事的機會

她直言，南投縣長年以來都複製了過去的政治想像，太多是「你跟我有關係，我就幫你；你跟我沒關係，我就不理你」的舊式政治，但她覺得不應該是這個樣子。

「對於政治的工作，可能每個人都有不同的想像，我還是比較抱持比較『樸素』的心情，覺得政府的資源要用在對的地方，」蔡培慧說，「人民的生活應該要『城鄉共好』，而不是『城鄉落差』。」

政治之於蔡培慧，永遠是芒刺在背，畢竟她追逐的從來不是權力，只是一個做事的機會。而她的政治之路大起大落，絕對稱不上順遂。

二〇二〇年的立委選舉，蔡培慧以幾乎素人之姿挑戰南投縣第一選區立委。也不知道是哪來的自信，她當時老是說，「這是一個非常大的挑戰，但我告訴你，我會贏。」後來想想，她的樂觀，可能源自相信最會做事的人一定會在選舉中勝利。

那年，在一直是藍大於綠的選區，蔡培慧雖然卯足了勁，最後仍以不到一萬票之差，高票落選。

選舉現實在此，偶爾也上演瘋狂大逆轉，但多數時候都是一副冷酷的樣子——因為總得有人贏、有人輸。不過，儘管失敗，蔡培慧沒有怨天尤人，唯獨自責，怪罪自己不夠盡心、不夠努力。

做為一名南投女兒，蔡培慧從一名家境清寒的偏鄉小孩，一路考取碩士、博士；從一位學術教授跨出校園圍牆，勇敢走上街頭為弱勢發聲；從一名監督政府的社會運動工作者，到踏入立法院，變成為民喉舌、解決問題的民意代表。

蔡培慧已經走了很遠的路，但為了真正能夠回家，她還必須走得更長更遠，而她還沒有放棄任何回家的機會。

附錄

專訪南投縣長候選人蔡培慧：

力推南投捷運，打造「台灣版瑞士」

二〇二二縣市長選舉熱鬧登場，對陣的各方候選人如何攻守廝殺、PK交鋒？《遠見》特別推出〈百里侯前哨戰專訪〉系列。這一次關注南投縣，學者出身的民進黨前立委蔡培慧，憑什麼爭奪縣長大位？

學者出身的民進黨前立委蔡培慧，辭去行政院中部聯合服務中心執行長後，積極投入二〇二二年的南投縣長選戰，過往坐辦公室的白皙皮膚，被烈日曬成咖啡色。

具農業及社會背景的她，琳瑯滿目的政見，滔滔不絕地描繪她腦海中南投應該要有的樣子，期望這個全台唯一不靠海的內陸縣市，將能成為瑞士一般，基建充足、經濟發達。蔡培慧接受《遠見》專訪時，認為所謂的社會福利就要讓人民安居，這當中醫療、交通、教育為重中之重。

高齡人口多卻社福倒數？

推敬老計程車和遠距醫療，打通縣民健康瓶頸

不過，據衛福部二〇一九年的「社會福利績效考核等第表」，在特優、優、甲、乙、丙五個等級中，南投縣只拿到倒數第四的乙級，顯然在社會福利政策上還有許多進步的空間。

南投縣內的交通存在城鄉差距，偏遠地區的老人家不管是要去市區看病，或是學生通勤上學，不僅公車班次少，還需要轉乘多趟。蔡培慧認為，這點或許可以透過「小黃計程車」來解決，讓民眾用「坐公車的價錢」坐計程車，差額部分可由政府補貼，用精準的方式來解決偏遠地區的通勤問題。

另外，目前台北市、桃園市，甚至隔壁的台中市都開放敬老卡坐計程

車，方便老人家的通勤，這些成功經驗，未來南投縣也可以納入考量，跟進實施。

至於聯外方面，蔡培慧的政見是在南投市、草屯鎮、埔里鎮、竹山鎮這南投縣四大鄉鎮設立結合飲食和休閒的多元轉運站，彼此串連活絡縣內交通外，也向外對接鄰近的高鐵、火車站，方便民眾南來北往。

蔡培慧坦言，南投醫療資源相對不足，專業醫師數量沒那麼多，但如果把所有的病患送到台中去，會增加病患的醫療成本，並非長遠解決之道。因此，她將推動讓鄰近醫院的醫師移動到南投來，也會推動ＡＩ治療，透過遠端治療的方式來彌補城鄉之間的落差。

觀光國際知名卻交通不便？

推南投捷運串聯台中高鐵，讓旅客一站到南投

「南投縣是全台重要的觀光地點，跟主要的捷運一定要有連結，」蔡培

慧強調將主動出擊，規劃南投的捷運路線，從南投市、南崗工業區、中興新村、草屯、霧峰，最後到烏日高鐵站，未來在台中捷運橘線連通霧峰後，也可進一步和台中捷運做整合。

蔡培慧說，這條南投捷運一定要接到高鐵，主要是許多國外觀光客坐飛機到桃園後，因為交通問題，多會前往北台灣旅行，但其實桃園到台北跟桃園到烏日距離差不多，如果南投有條捷運接到烏日，就能吸引觀光客到南投，更活絡南投的觀光產業。

「該做的事情就是要做，不應該依賴別人，」蔡培慧指出，如果等到台中捷運規劃好，南投再來做，可能就要二十年後了。

或許有人質疑南投不過五十萬餘人，憑什麼蓋捷運？蔡培慧反駁，若以旅遊人口來算，每個五、六、日一連三天，都多達上百萬人在南投移動，事實上有軌道運輸的需求。

據她估算，南投捷運需要花費的經費約五百至六百億元，並透露先前擔任行政院中辦執行長時，曾拜會交通部長討論過這個案子。「交通部支持，但一定要有規劃，」如果她有幸擔任縣長，馬上就會開始規劃，目標八年內做到設站，前四年把計劃做好，後四年就能動工。

地處偏鄉難以發科技產業？南投科學研發強，大學與技職人才補上最後一哩

相較觀光與農業發展為人熟知，很多人以為南投因為地形地勢，無法發展製造業和科技業，導致地方經濟發展落後其他縣市。

蔡培慧強調，其實南投科學園區的研發能力都很強。經濟部的中台灣創新園區就設在南投的中興新村，裡面有工研院的中分院，目前研發出的負氧碳化技術，可有效過濾髒空氣，已獲得美、日專利。還有團隊和竹山消防訓練中心研究毒氣，之前訓練中心開幕時，美國在台協會（AIT）也派人參加，代表南投的科研已經與國際接軌。

蔡培慧更一手媒合、促成在中興新村設立「青年創生孵育基地」，協助

青年創業，並與工研院合作，提供一對一的業師輔導，並鼓勵跨業進行交流。

除了科技產業，南投縣還有很多默默無名的強者。

賓士的電動腳踏車就是在南投生產，生產商嘉大企業是蔡培慧自二〇二〇年引進，並於二〇二一年開始生產，現在不只接賓士的訂單，生意也開始來自美國、義大利、荷蘭。人手不足，還來到位於草屯的南開大學大舉挖人，原本找三十餘個，現在翻倍到六十餘個。

另一個是專門生產微創手術刀具的美上鎂，產品表面塗層的品質都達到相當程度。

然而廠商設廠需要人才。例如不久前，蔡培慧和暨南大學校長武東星拜訪群聯電子董事長潘健成，希望對方來南投設廠，對方就提出「希望有人才方面的協助」，後來，潘健成來到暨南大學招募人才：「起薪九萬八千元。」

除了暨南大學外，蔡培慧強調，還要加強技職方面的教育。她曾遇到有位被老師定型為「會霸凌其他人」的孩子，問孩子以後想做什麼，孩子說想學技術，「修機車也好」，蔡培慧有點心疼，因為孩子想學：「但我們沒有給他足夠的資訊，訓練他修理機車。」

台灣現在極缺技職人才，強化技職必須從國中升高中開始，她建議讓國三的孩子去親身經歷百工百業，讓他們嘗試後，輔導他們在技術上專精。到了高二、高三，再讓這些孩子去實際的業界進行交流，尤其現在這些技術工作薪水並不差：「他們會願意啊！」

維持菁英教育及確立技職體系，是她未來推動的南投人才培力方向。

農業社運背景，願意傾聽與整合

學者出身的蔡培慧自承，常常有人問她說：「為什麼好好的教授不做，要來參與政治？」

其實她自己也花了相當時間說服自己，被邀擔任不分區立委時曾婉拒半年，最後才以「拒絕就是不認真面對南投的處境，不去解決結構問題」為由接受。

執著於參選南投縣長，並非認為縣長是一個位置與特權，而是一個平台，可以有效整合中央資源，解決南投城鄉差距問題，她要設法讓南投「城鄉共好」。

因為農業和社運兩項背景，讓蔡培慧更擅於理解問題背後的脈絡為何，進而進行抽絲剝繭地解決，也更願意傾聽其他人的意見，並將之進行整合。

而這些特質，在她擔任立委時表露無遺。一是當時立法院在推動的農儲退金，二是《教師法》。

農儲退金修法時，在解決農民職災保險問題上，蔡培慧發現不能動到老農年金，因此參考勞退儲金，向農民溝通，除了既有保險之外，還多了一項農民退休金，成功減少阻力，讓修法圓滿落幕。

在《教師法》修法上，當時對於爭議師資如何處理，二十九個團體都有不同意見，蔡培慧因此按下暫停鍵，連續召開公聽會傾聽。隨後並和二十九個團體一一溝通，最終將爭議師資的行為分為四類，並按不同類別處置，該法最終甚至「罕見」不需朝野協商，順利三讀落槌。

蔡培慧並自評為「不分藍綠」，就事論事，該做的事就會去做的人，這位被幕僚形容為「擇善固執、無可救藥的樂觀者」重申，在選舉過程中，她將以「正派善良」的力量和對手競爭，來獲取選民的認同。

這次民進黨的提名順序，除了拚連任的縣市首長外，首波就是南投縣及宜蘭縣，這是因為民進黨看到南投新希望。

蔡培慧強調，「千萬不要覺得我們偏鄉，沒辦法發展，要去把自己的軟實力提升」，南投應該把自己的好給整合起來，讓精緻生產可以提升，「綠科技、好生活、新南投、像瑞士」，把故鄉南投變成台灣版瑞士，「可不是開玩笑的」！（採訪撰文／林仕祥）

社會人文 BGB533

拔地而起的力量
蔡培慧改變家鄉

國家圖書館出版品預行編目(CIP)資料

拔地而起的力量：蔡培慧改變家鄉／徐遼明作. -- 第一版. -- 臺北市：遠見天下文化出版股份有限公司, 2022.06
面；　公分. -- (社會文人；BGB533)
ISBN 978-986-525-630-2(平裝)

1.CST: 蔡培慧 2.CST: 臺灣傳記

783.3886　　111007628

作者 —— 徐遼明

企劃出版部總編輯 —— 李桂芬
主編 —— 羅德禎
責任編輯 —— 劉瑋
美術設計 —— 劉雅文（特約）
攝影 —— 賴永祥（特約）
圖片提供 —— 王勇傑（P22），蔡培慧（P27、39、47、65、83、149、208、213、242），池依林（P121、127），謝顯林（P247）

出版者 —— 遠見天下文化出版股份有限公司
創辦人 —— 高希均、王力行
遠見・天下文化 事業群董事長 —— 高希均
事業群發行人／CEO —— 王力行
天下文化社長 —— 林天來
天下文化總經理 —— 林芳燕
國際事務開發部兼版權中心總監 —— 潘欣
法律顧問 —— 理律法律事務所陳長文律師
著作權顧問 —— 魏啟翔律師
地址 —— 台北市 104 松江路 93 巷 1 號
讀者服務專線 —— (02) 2662-0012 ｜傳真 —— (02) 2662-0007；(02) 2662-0009
電子郵件信箱 —— cwpc@cwgv.com.tw
直接郵撥帳號 —— 1326703-6 號　遠見天下文化出版股份有限公司

製版廠 —— 東豪印刷事業有限公司
印刷廠 —— 立龍藝術印刷股份有限公司
裝訂廠 —— 台興印刷裝訂股份有限公司
登記證 —— 局版台業字第 2517 號
總經銷 —— 大和書報圖書股份有限公司／電話 — (02) 8990-2588
出版日期 —— 2022 年 6 月 30 日第一版第 1 次印行

定價 —— NT450 元
ISBN —— 978-986-525-630-2
EISBN —— 9789865256319（EPUB）；9789865256326（PDF）
書號 —— BGB533
天下文化官網 —— bookzone.cwgv.com.tw

天下文化

BELIEVE IN READING